ARTETERAPIA PARA RELAXAR!

FASHION

LIVRO DE COLORIR

Todolivro

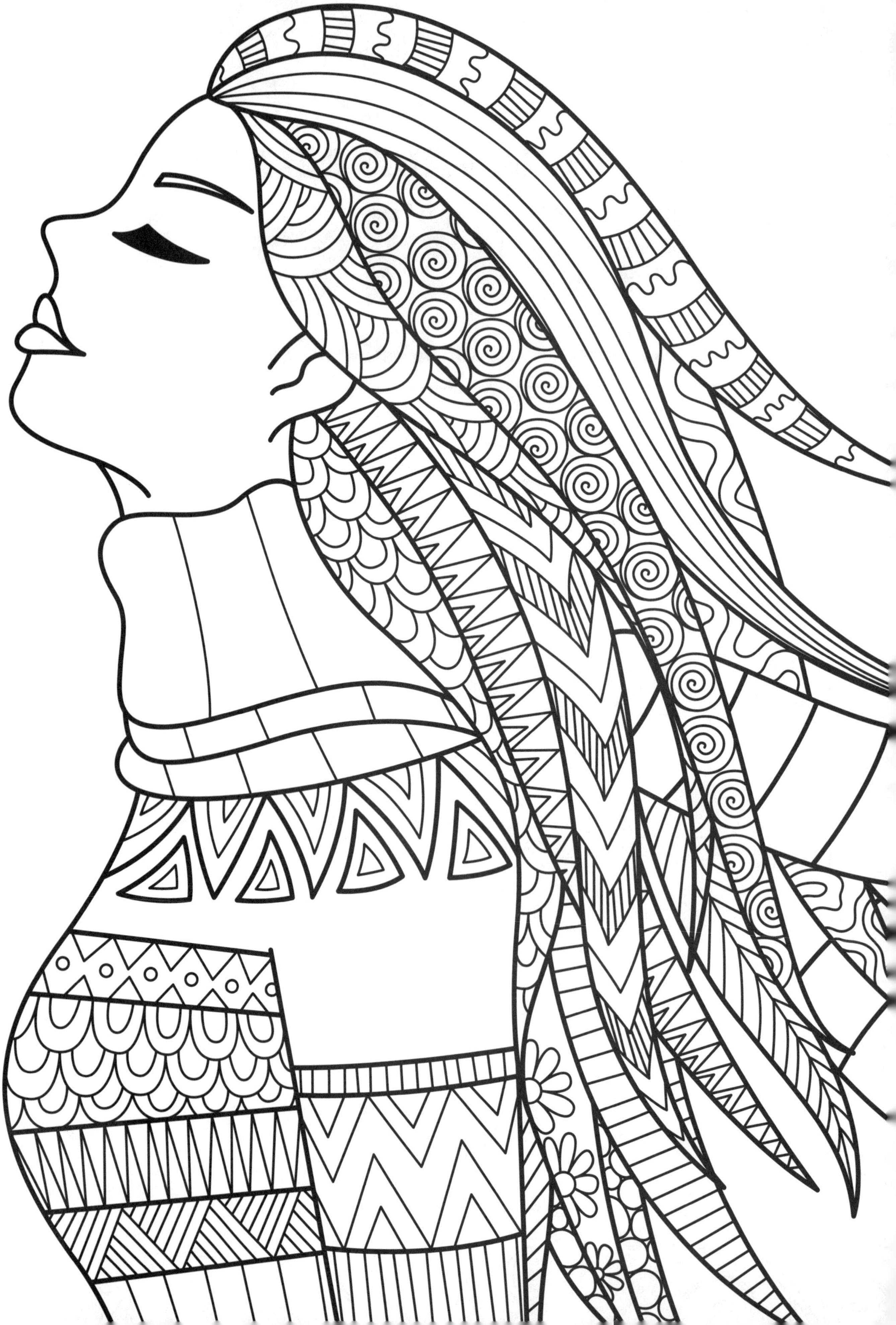

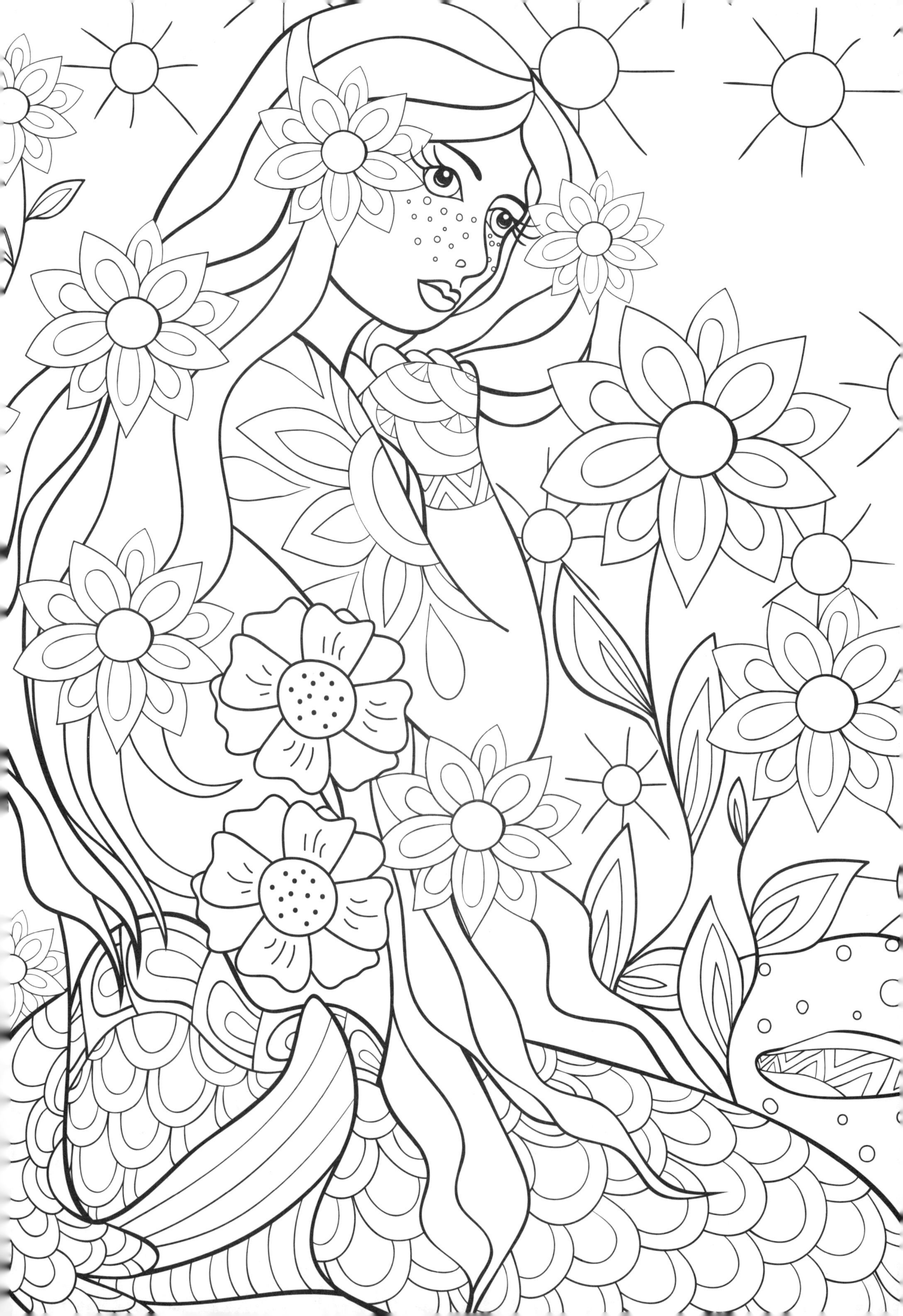

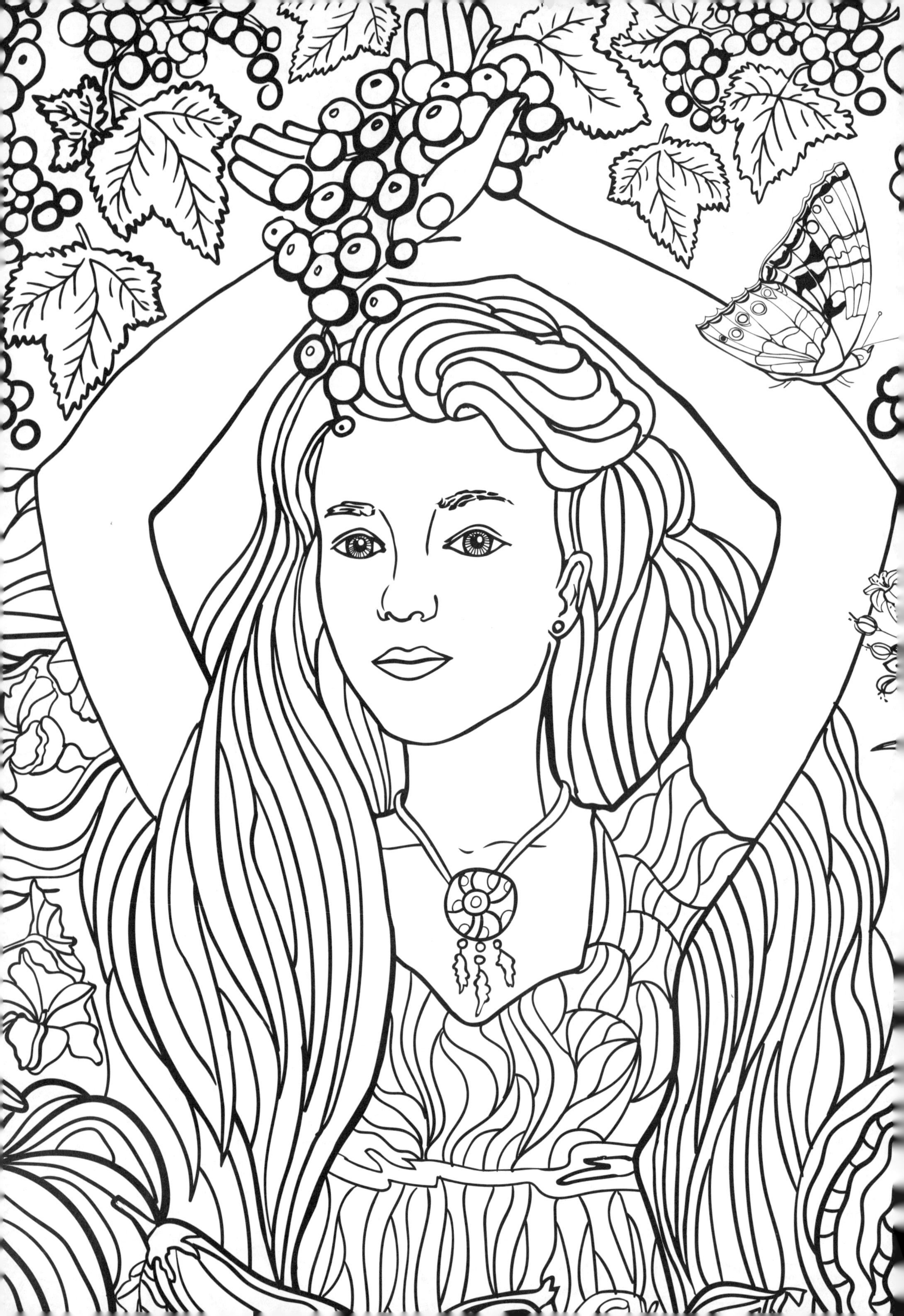

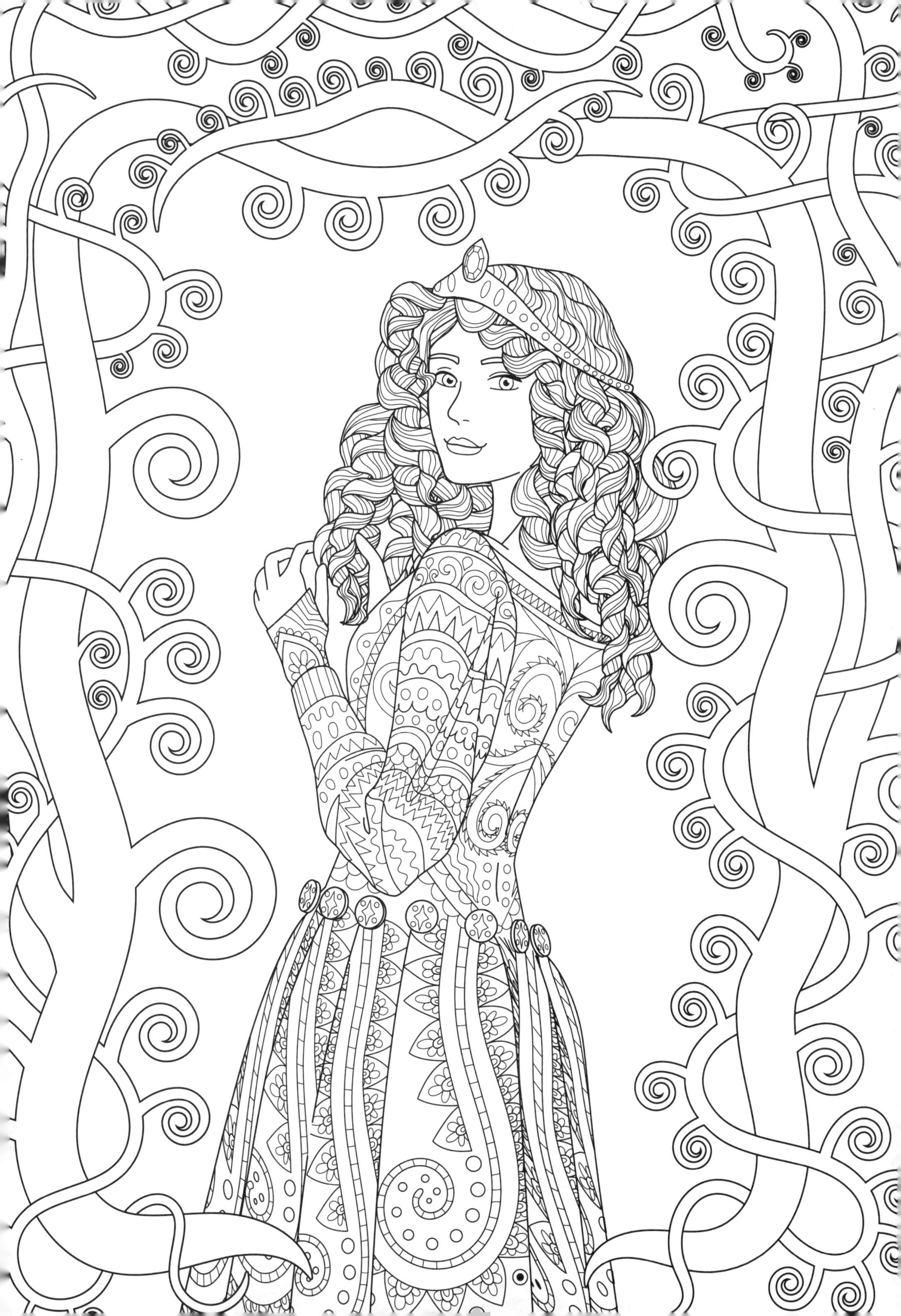

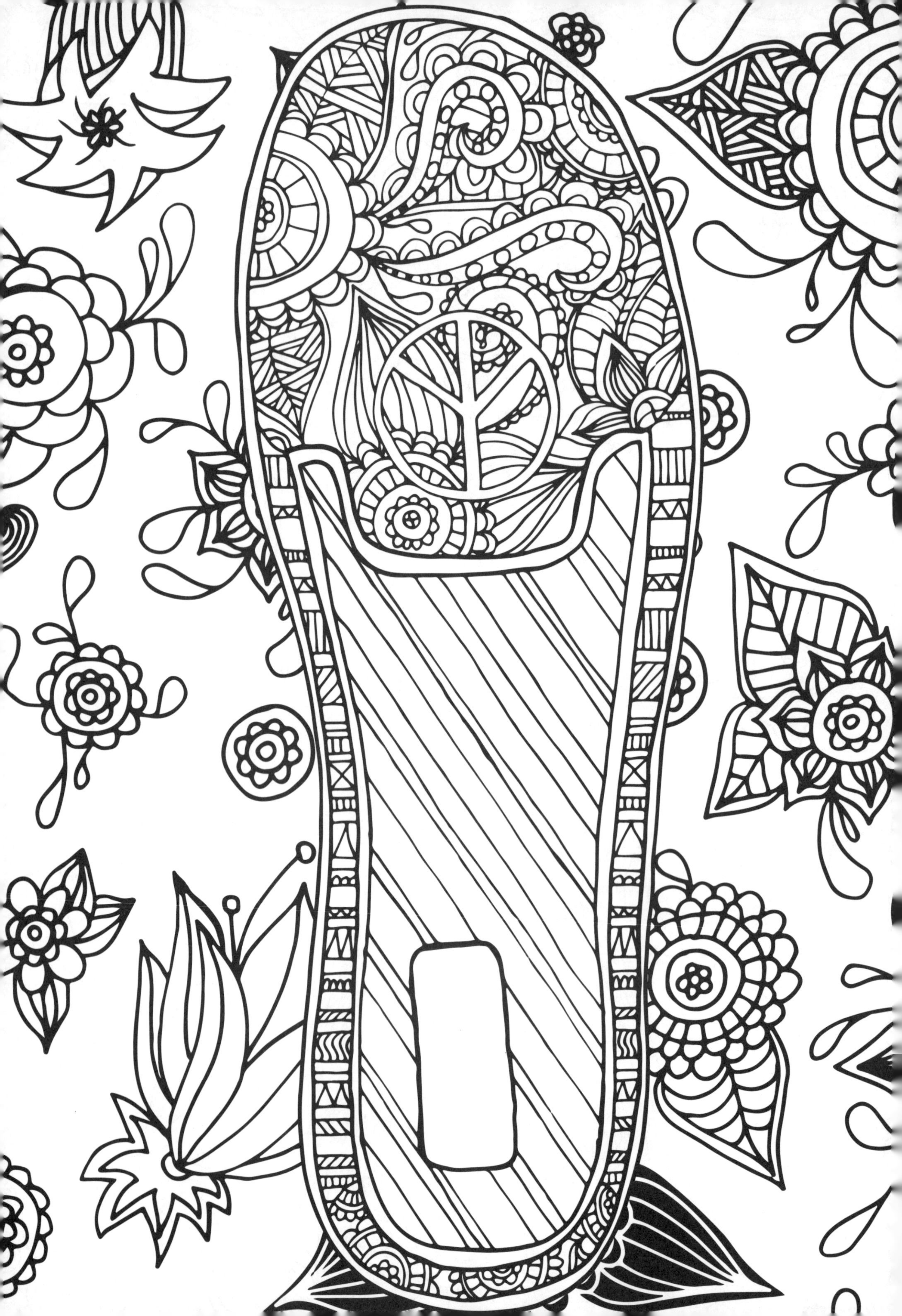

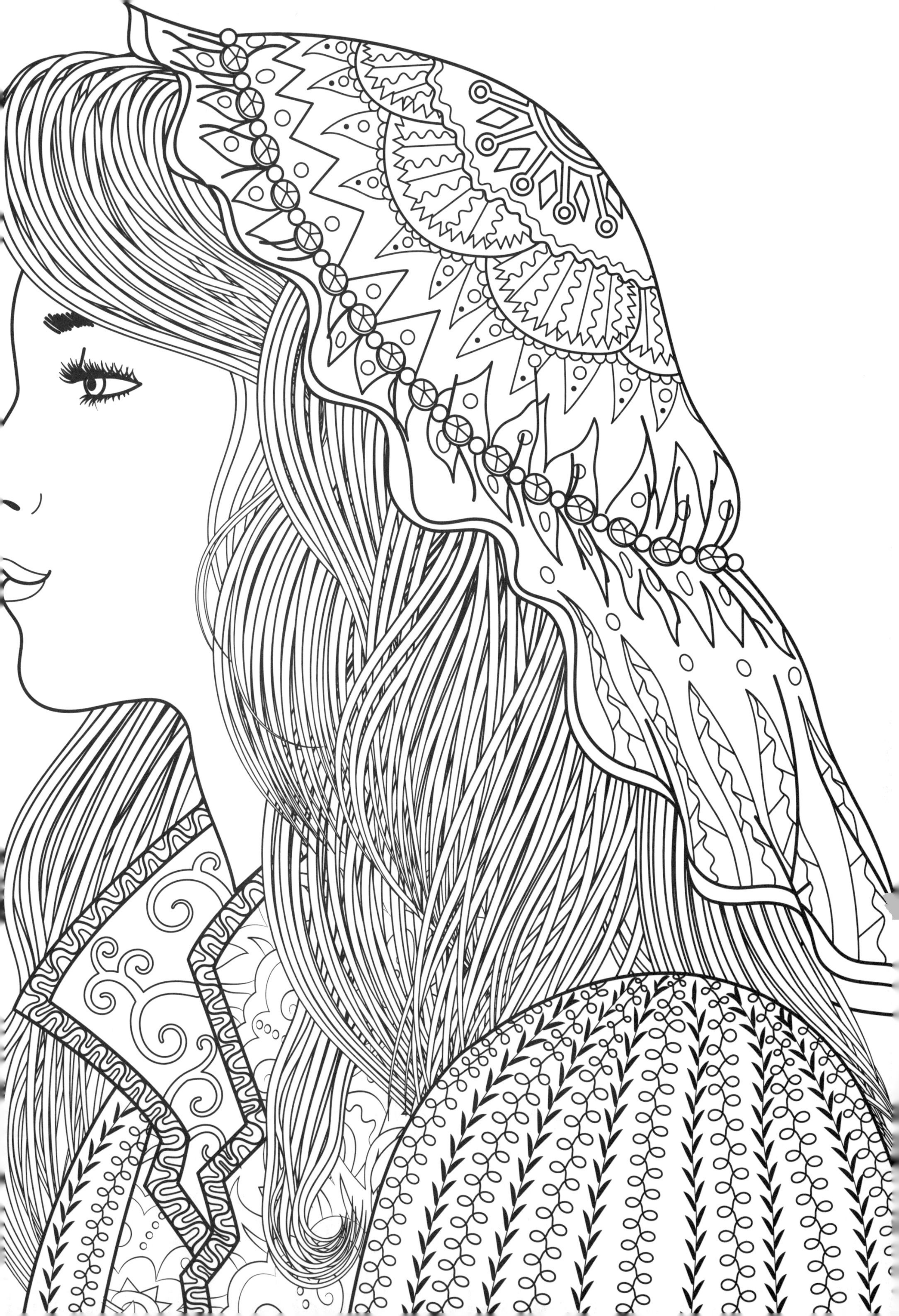

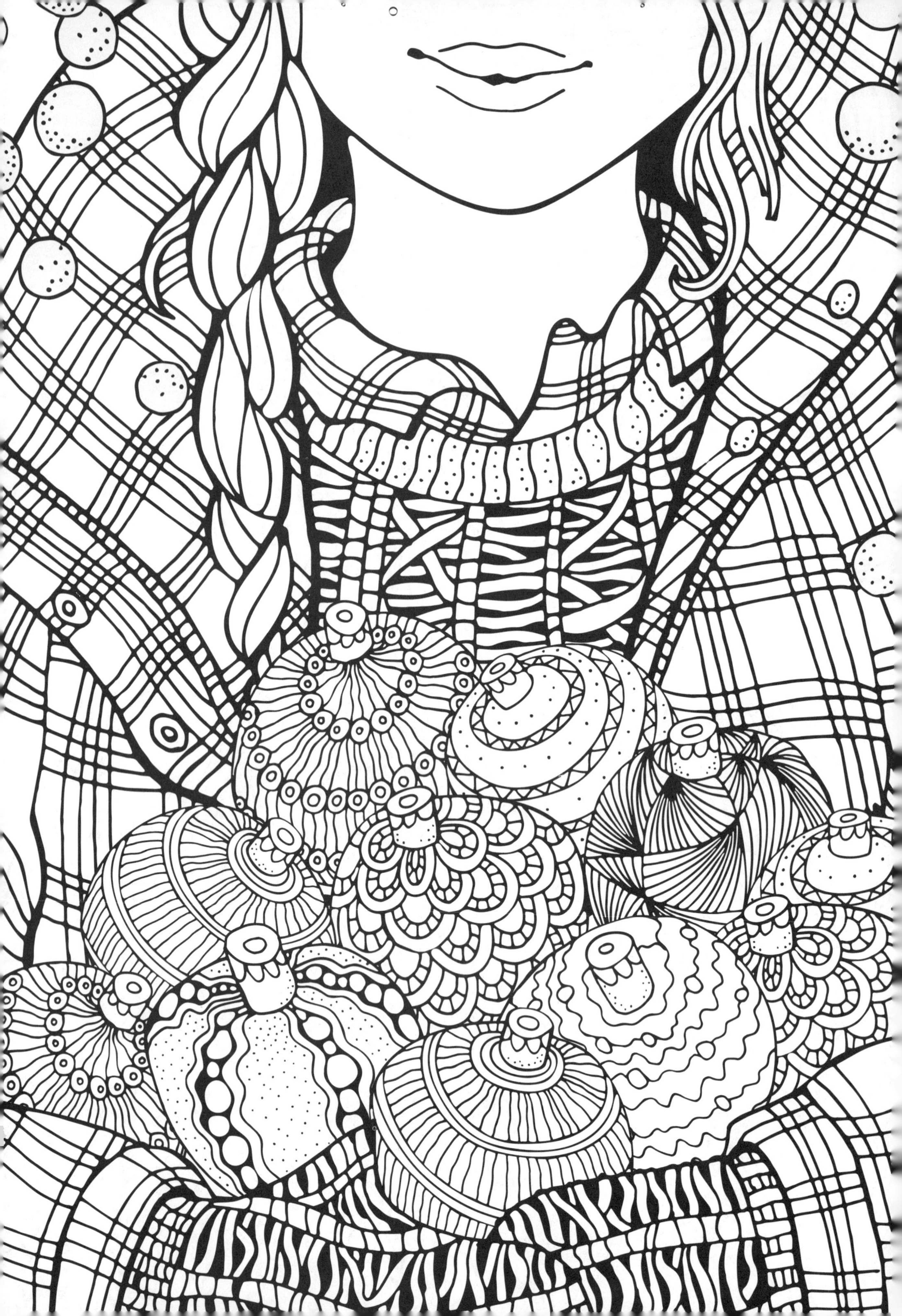

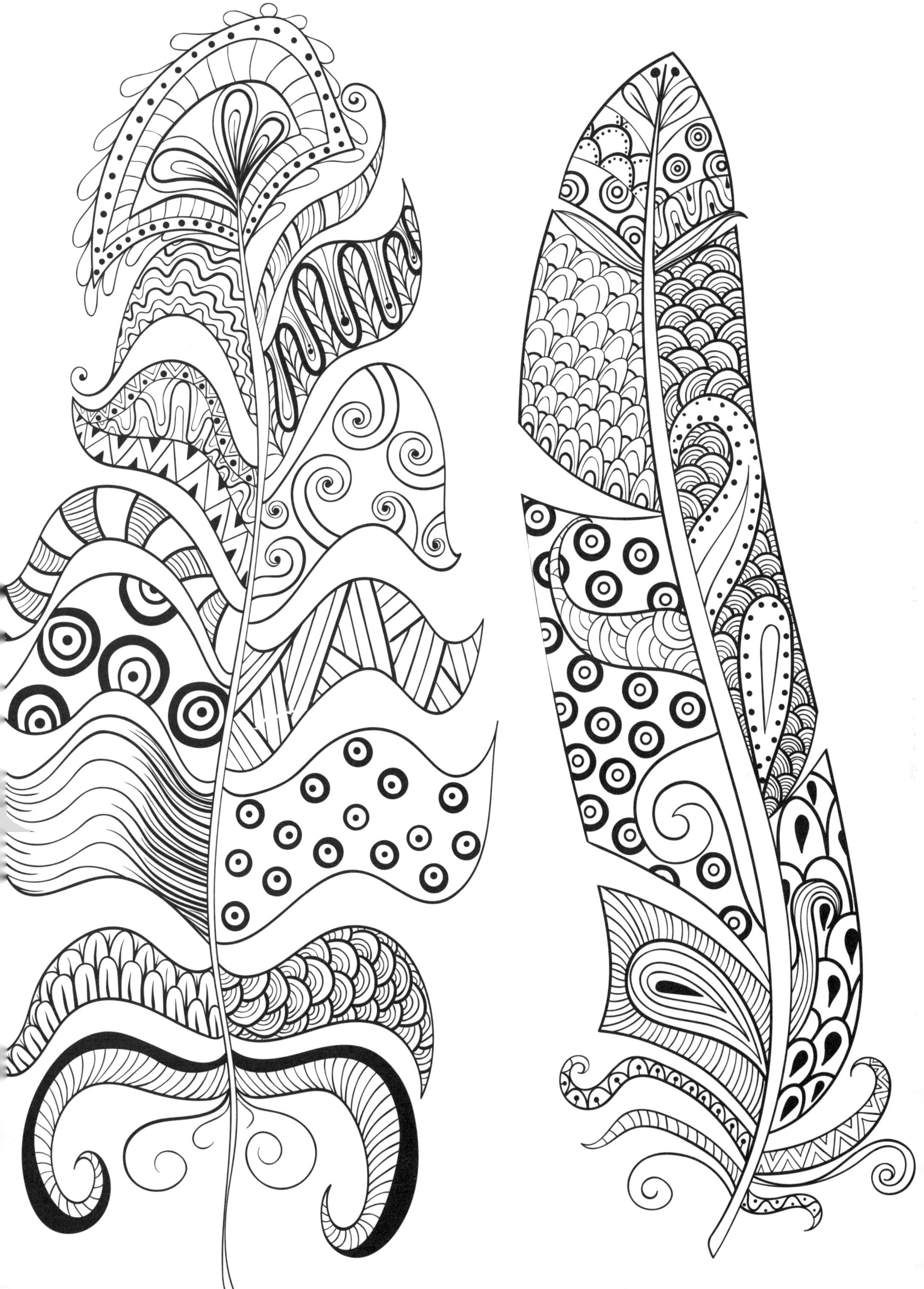

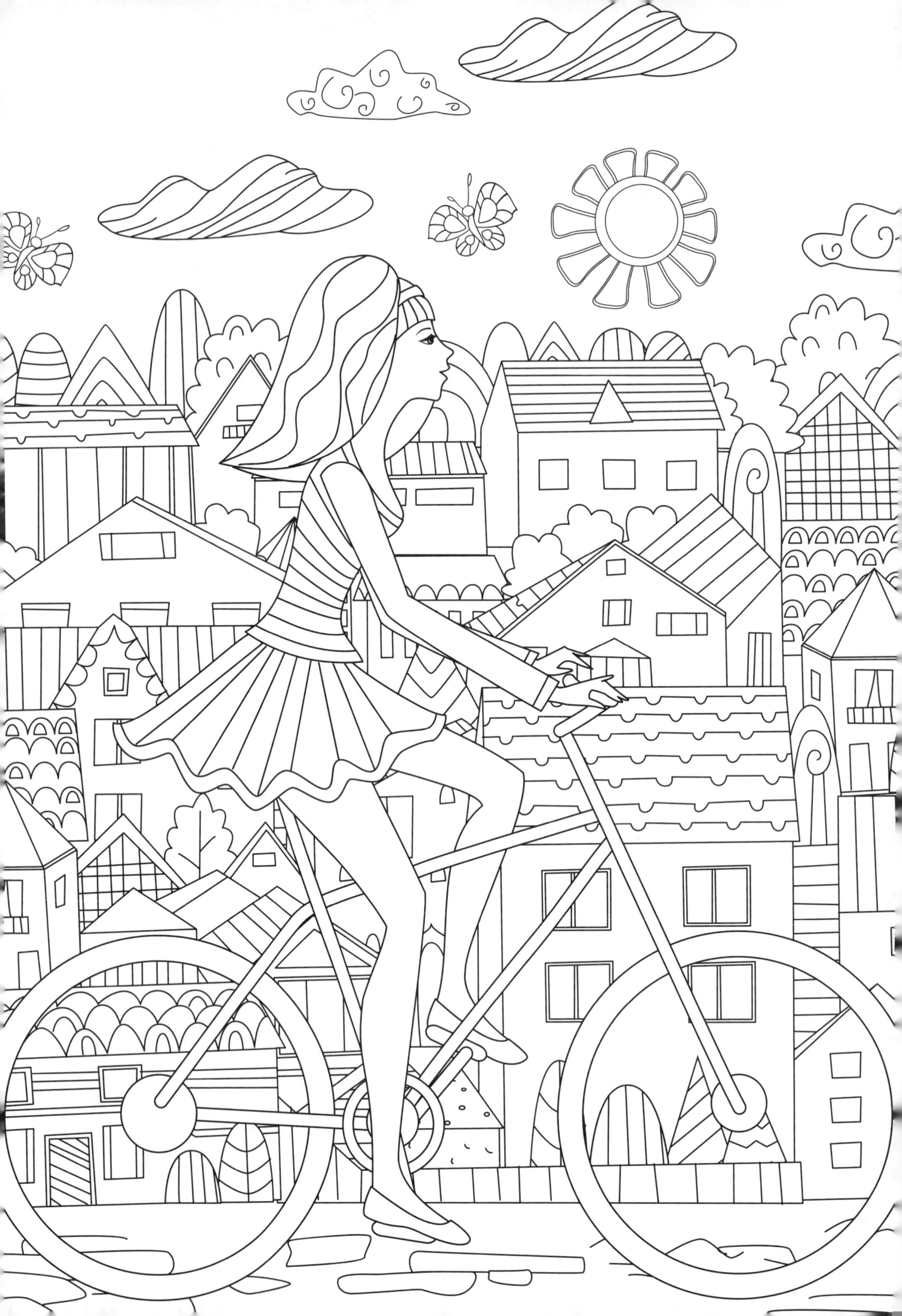

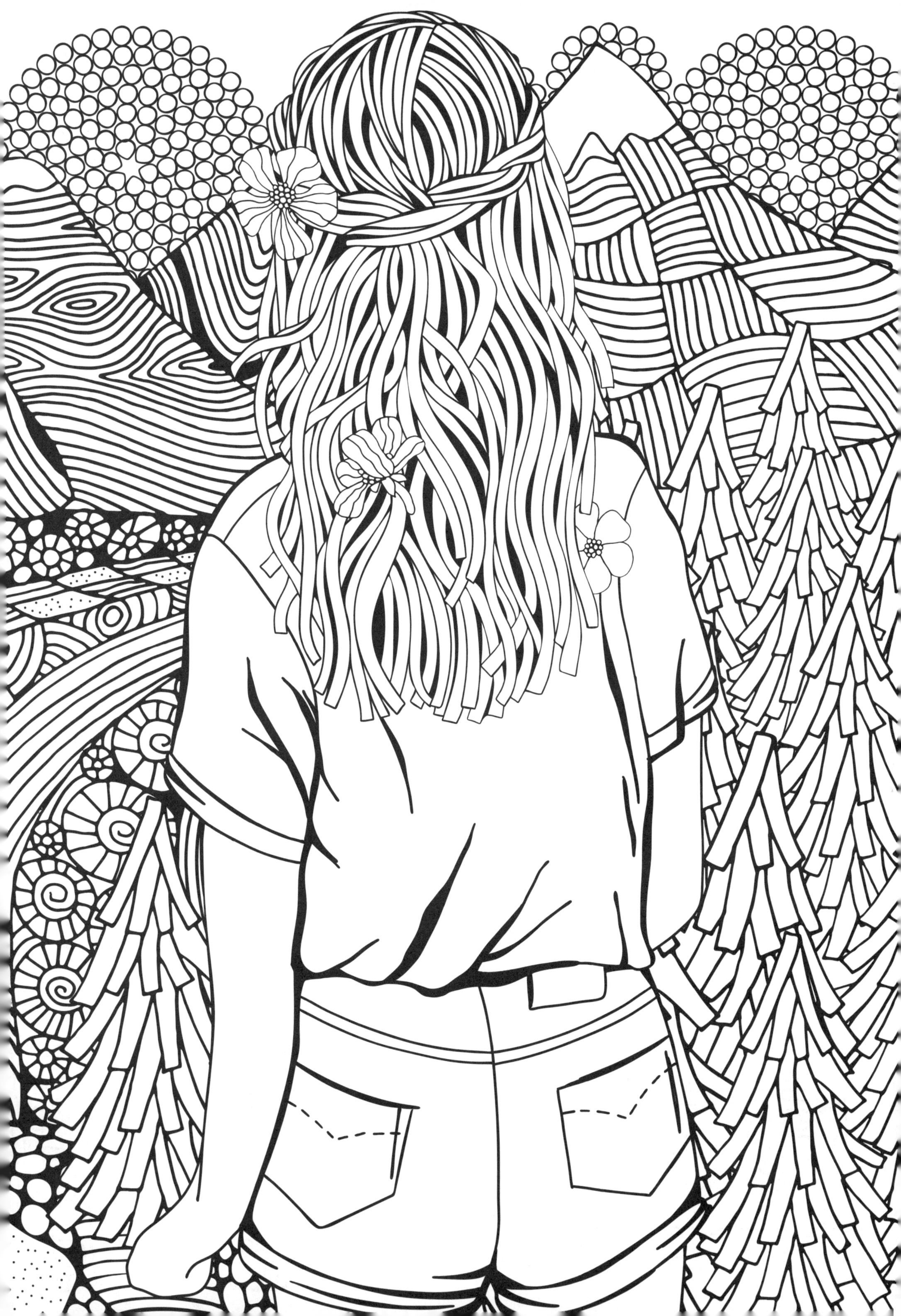

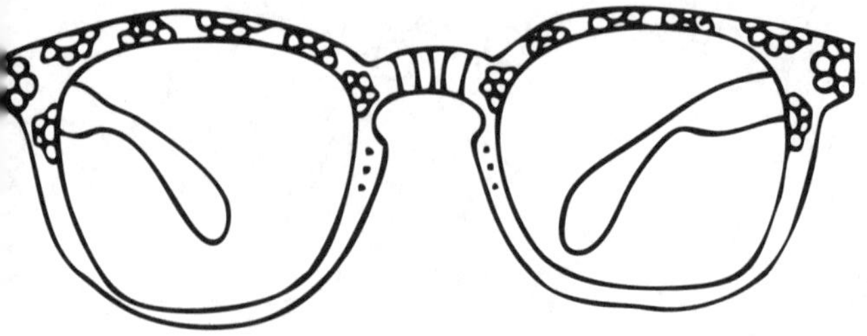

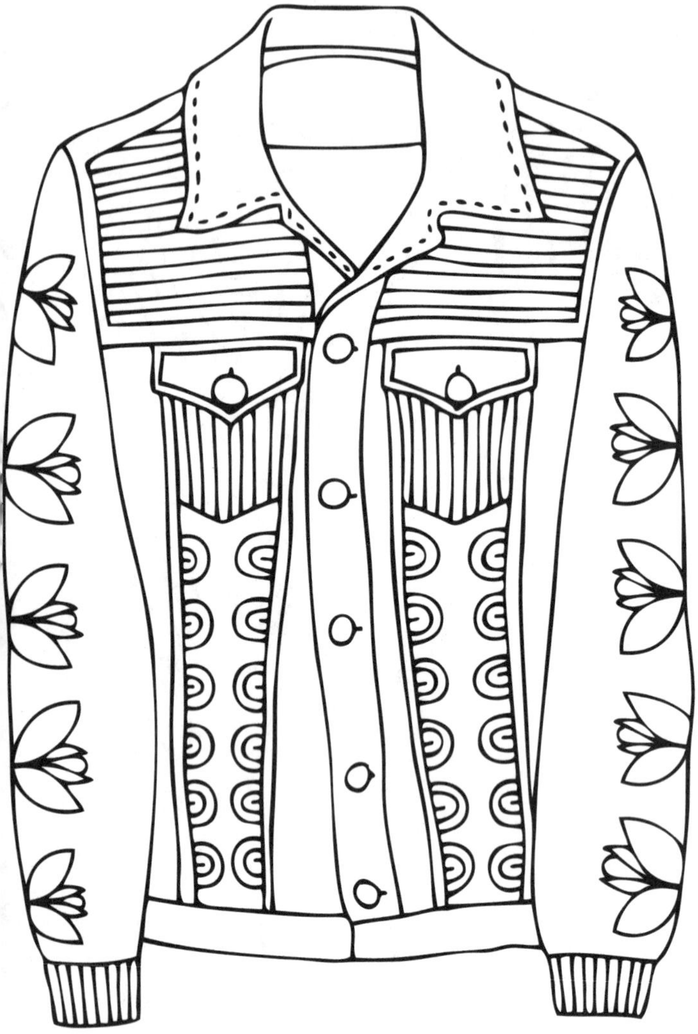

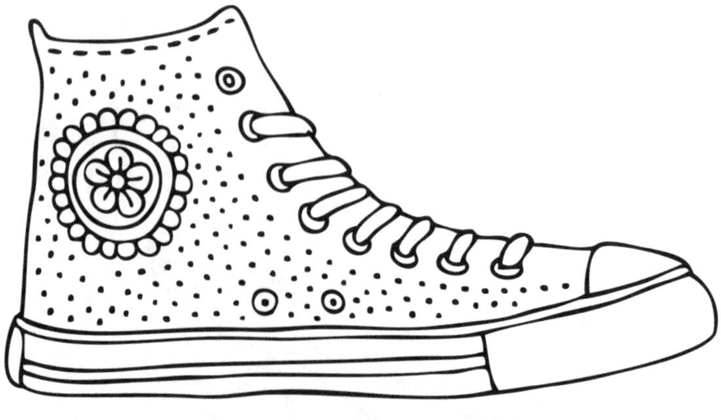

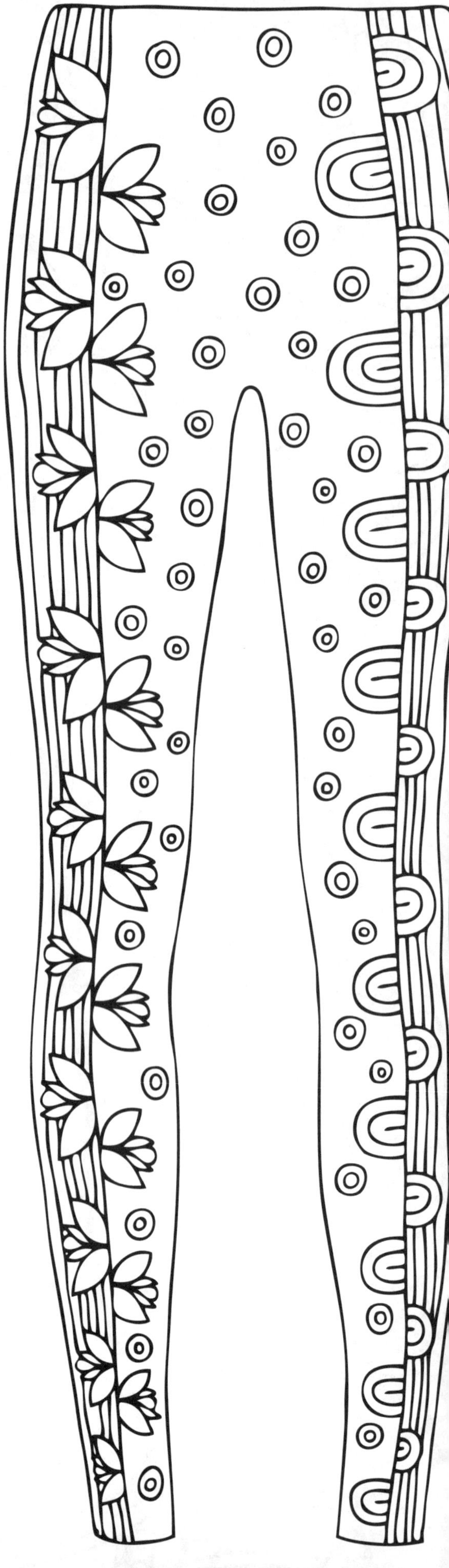

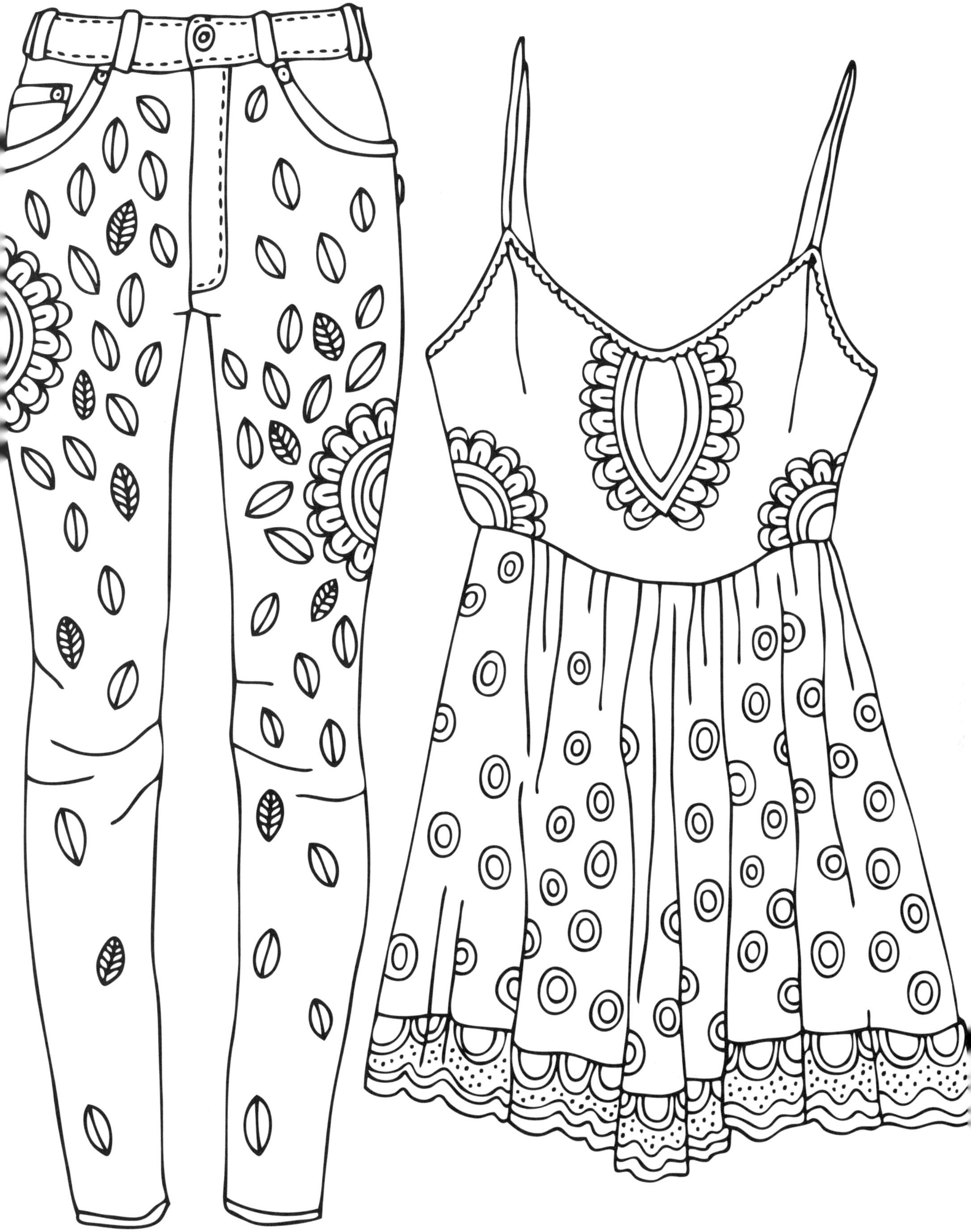

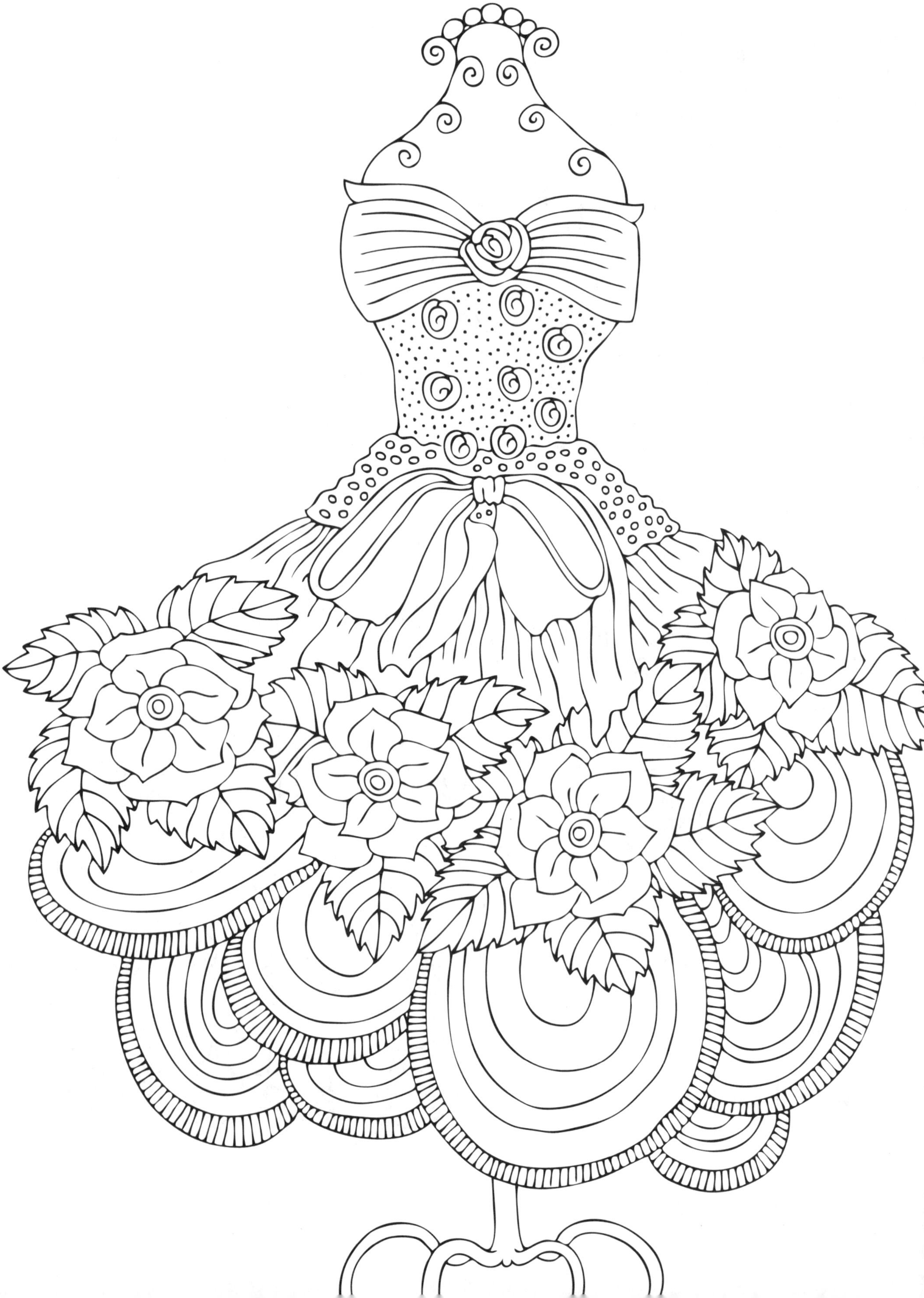

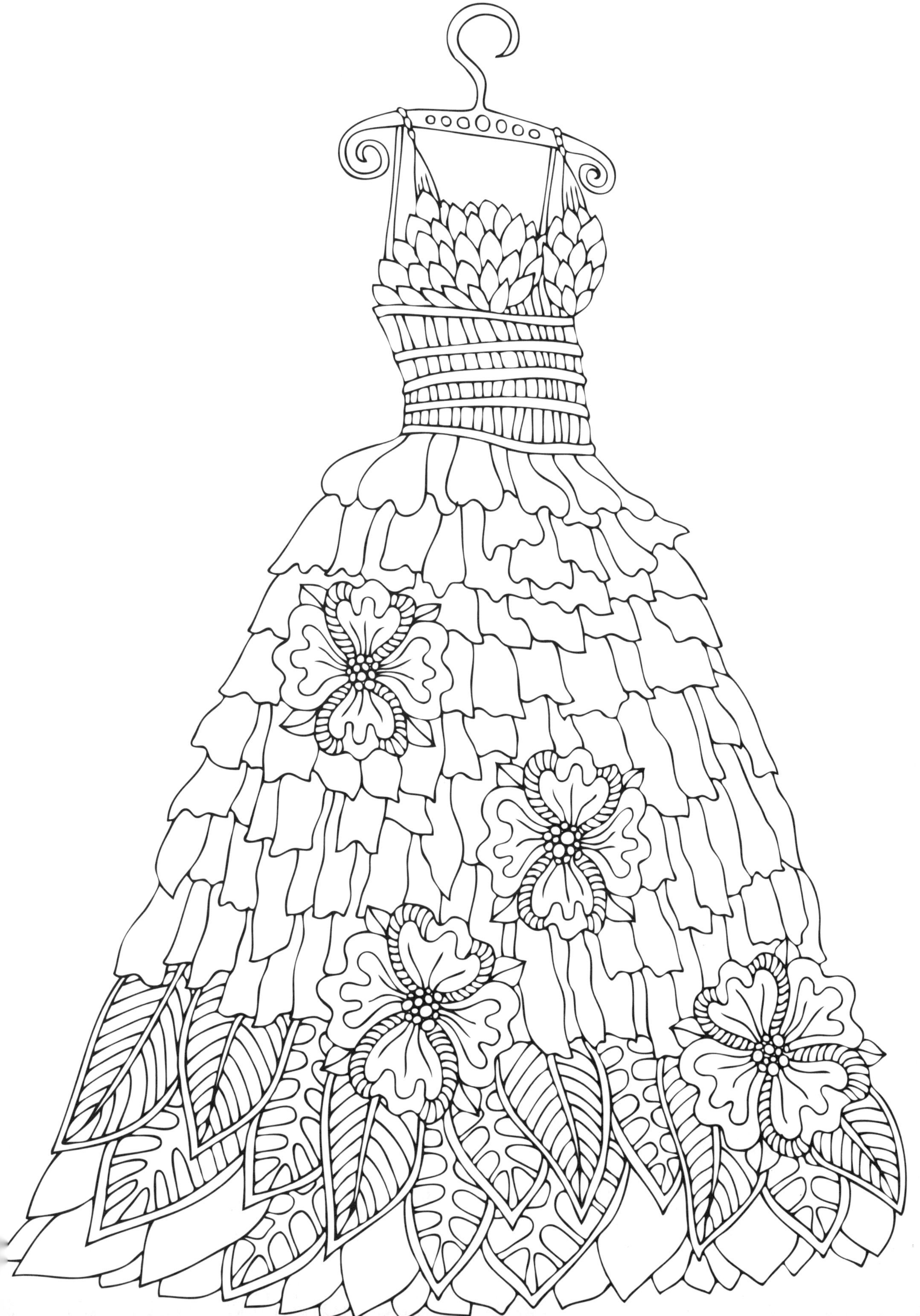

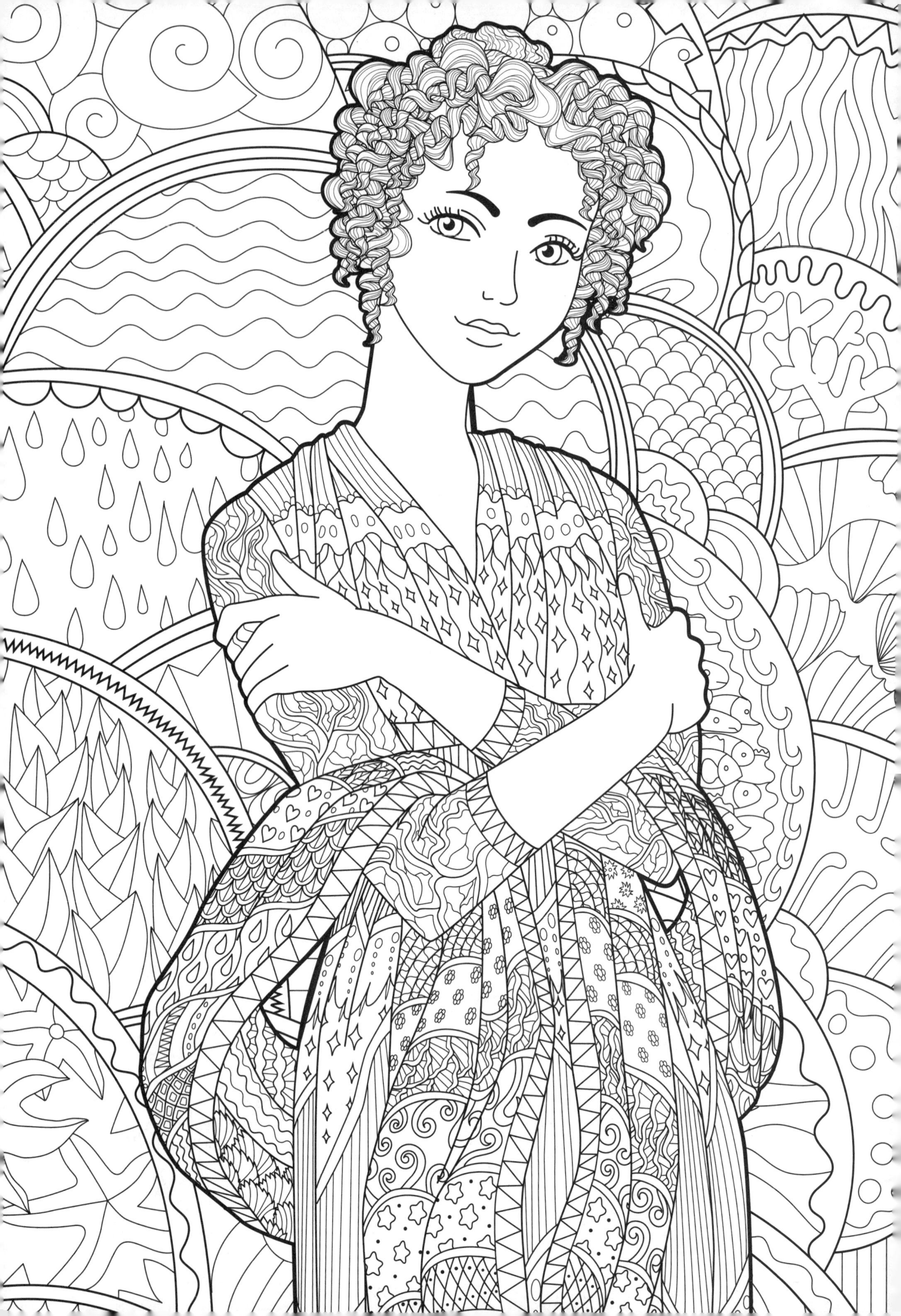

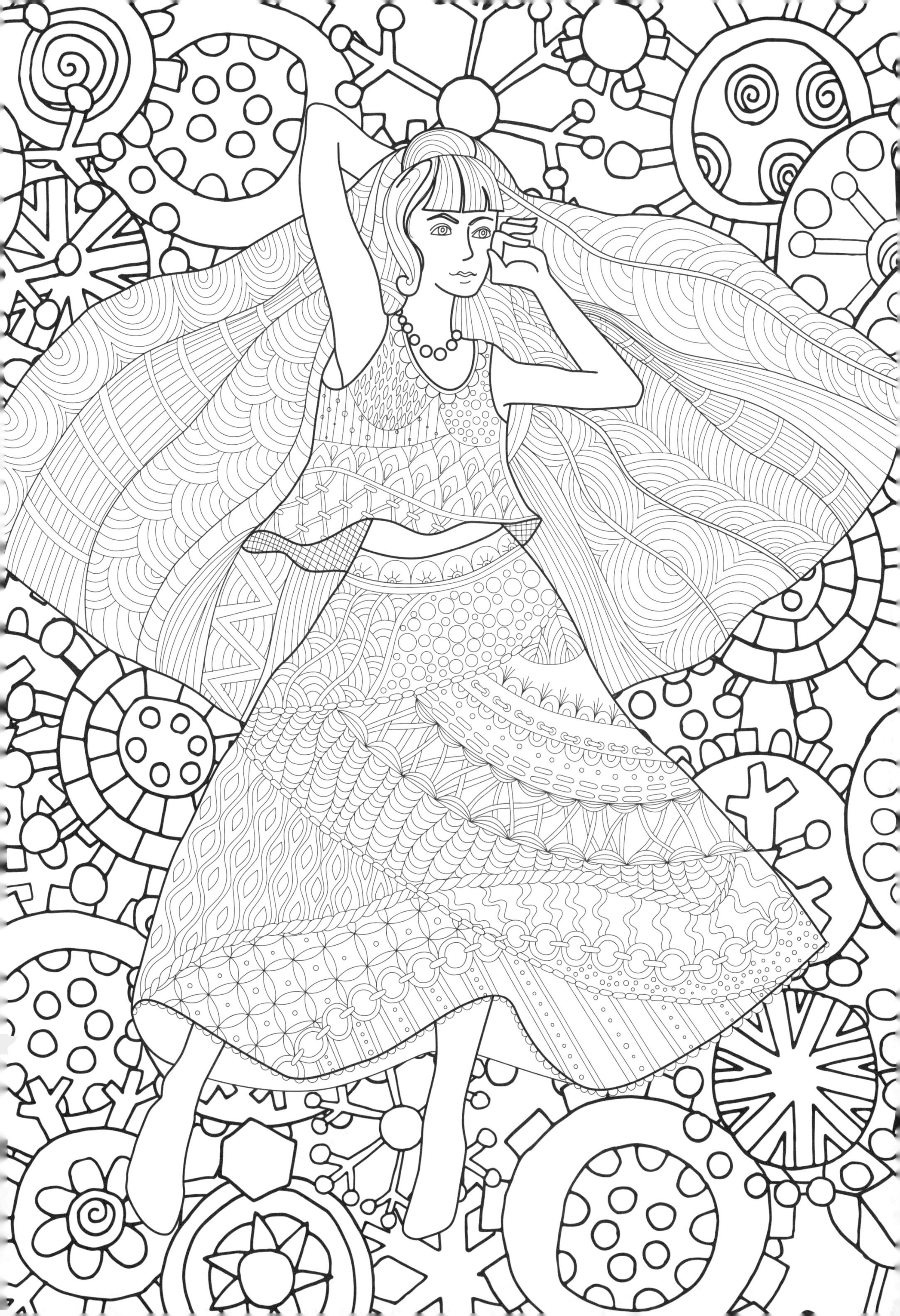

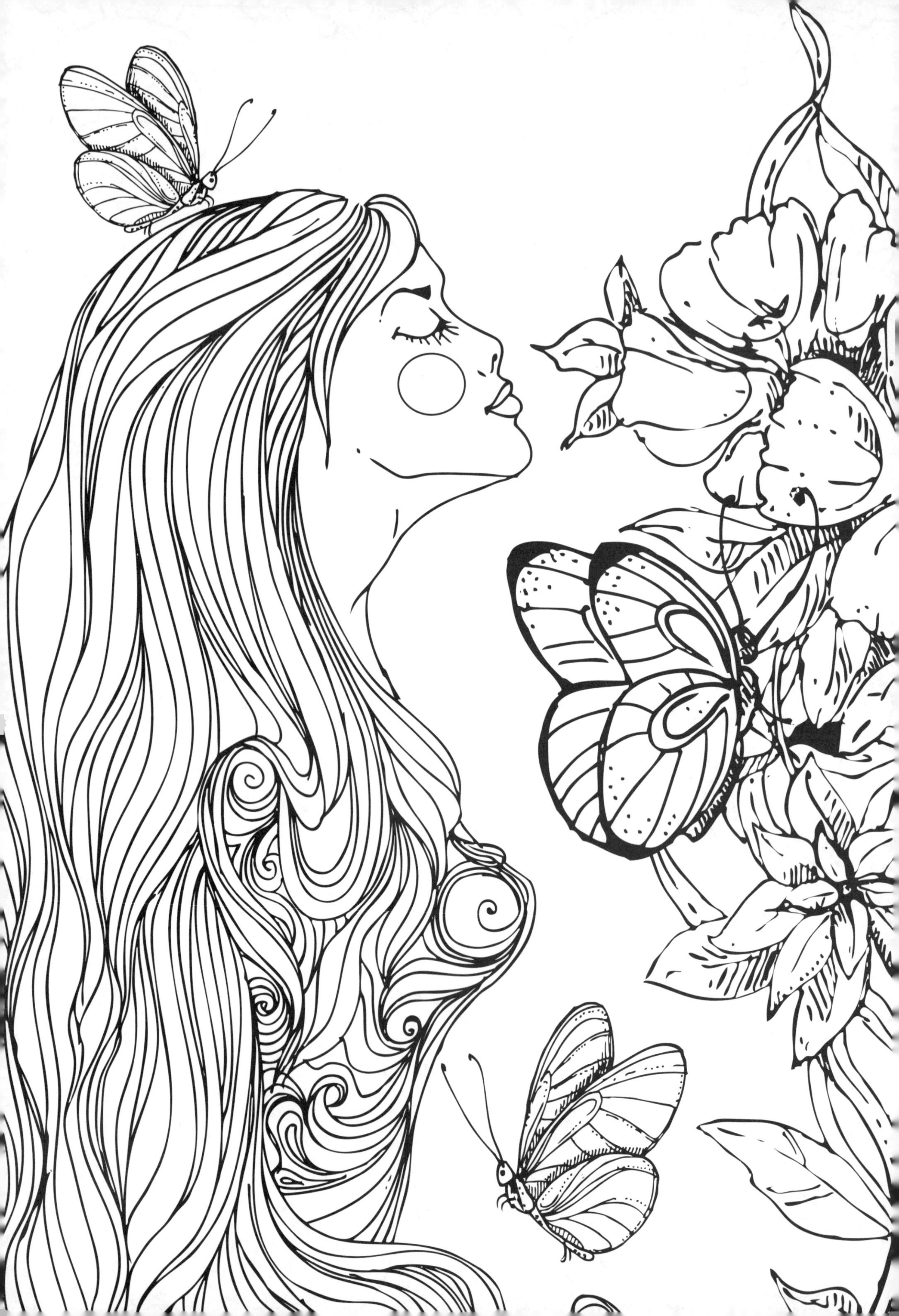

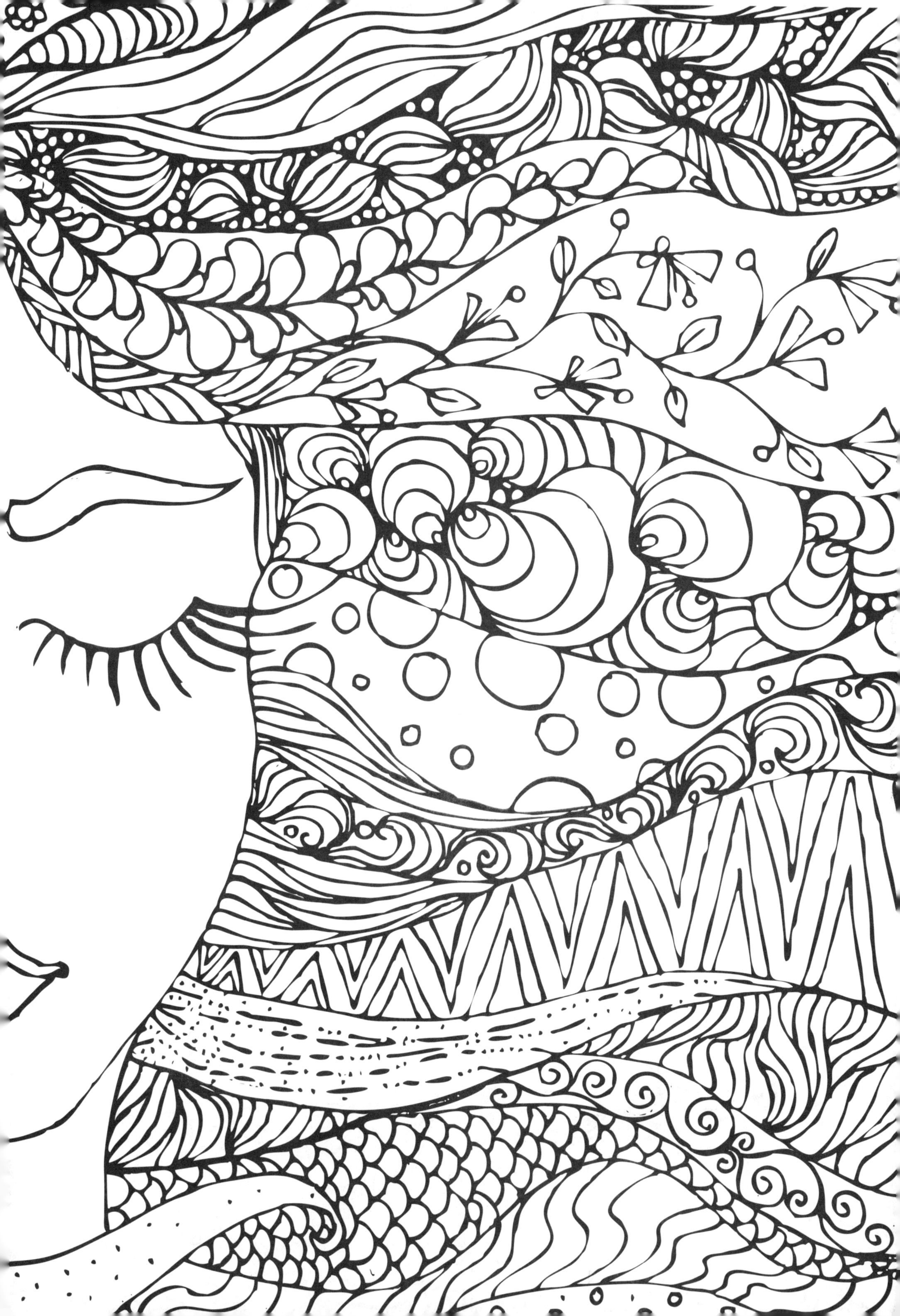

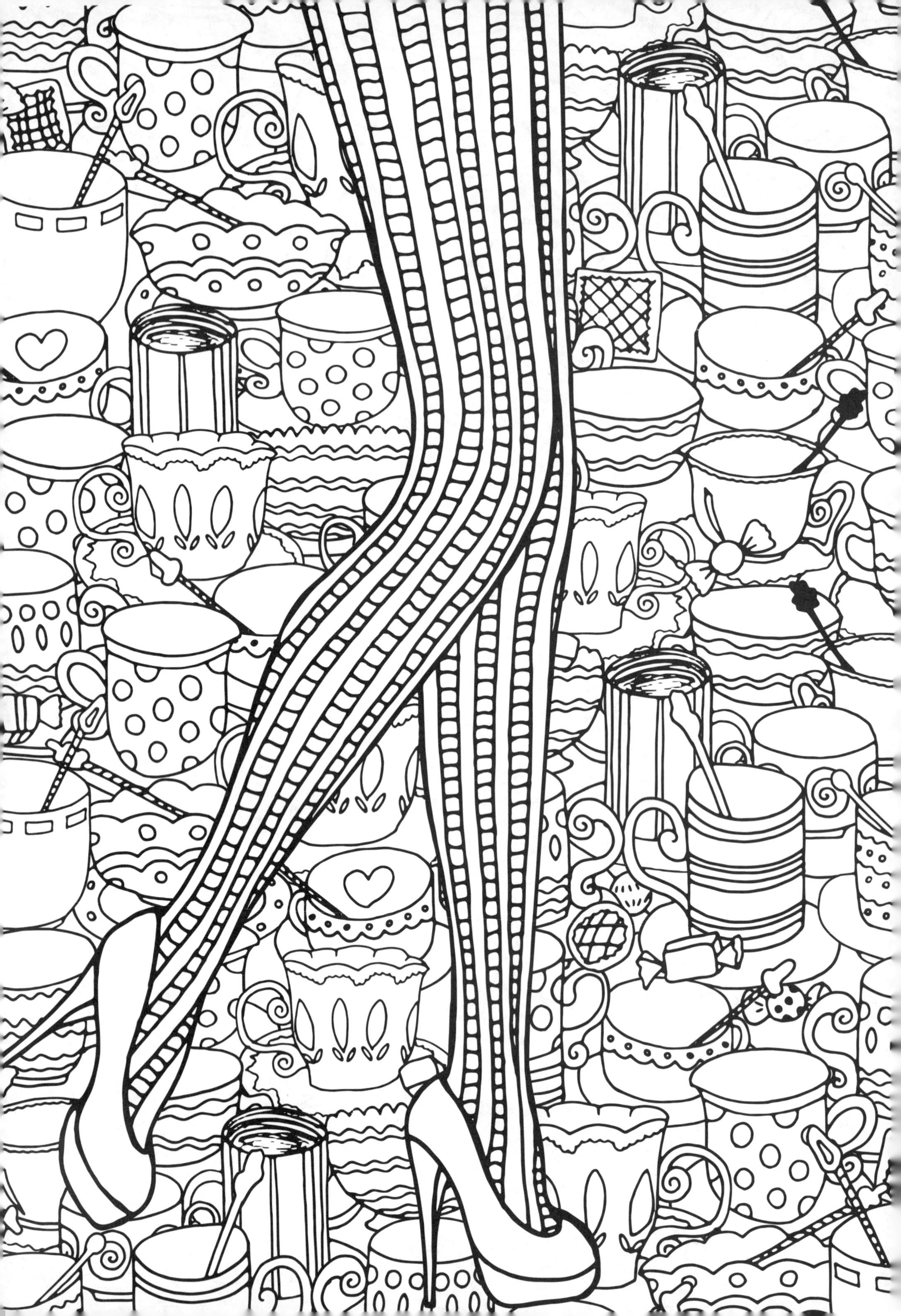

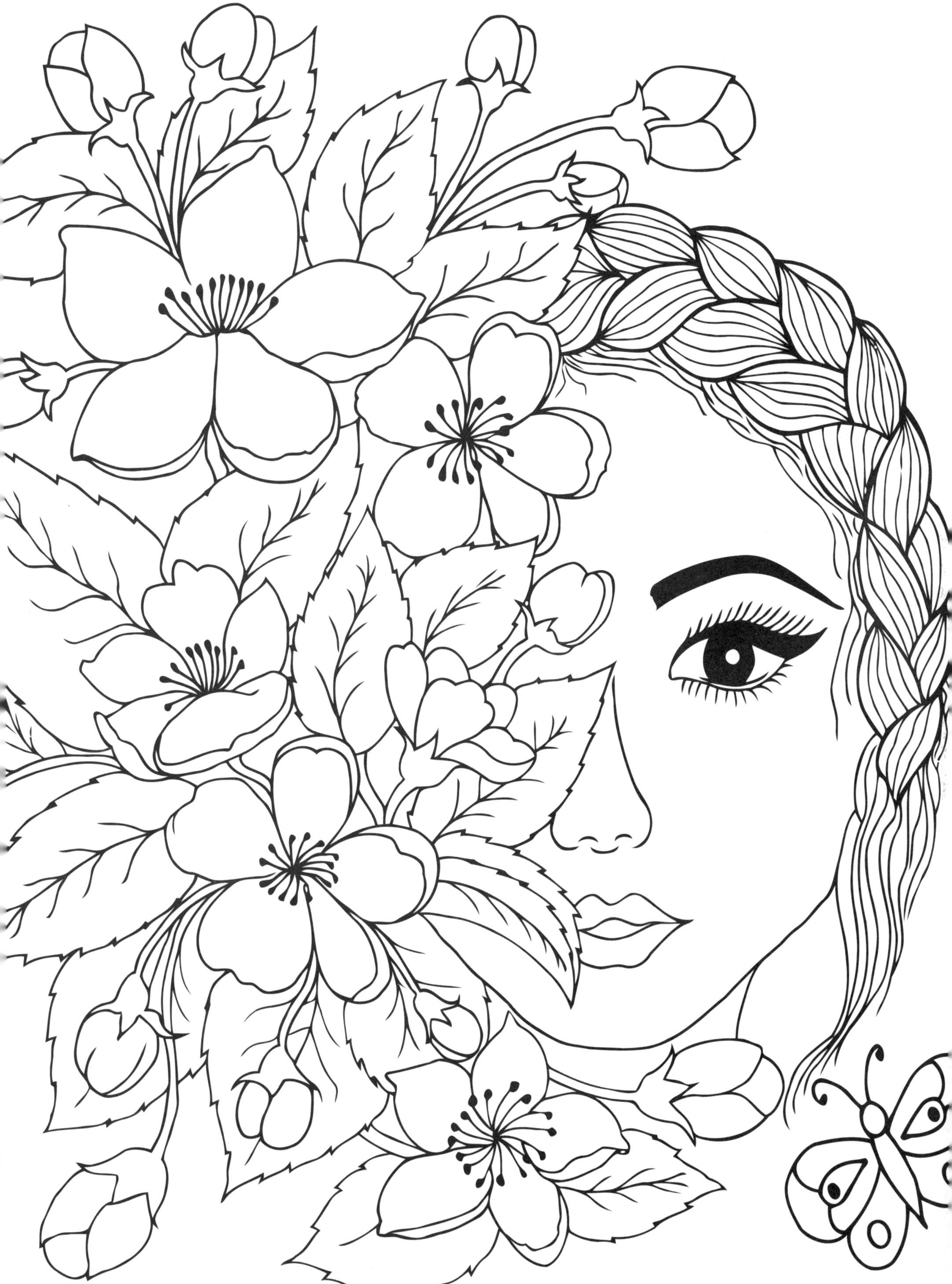

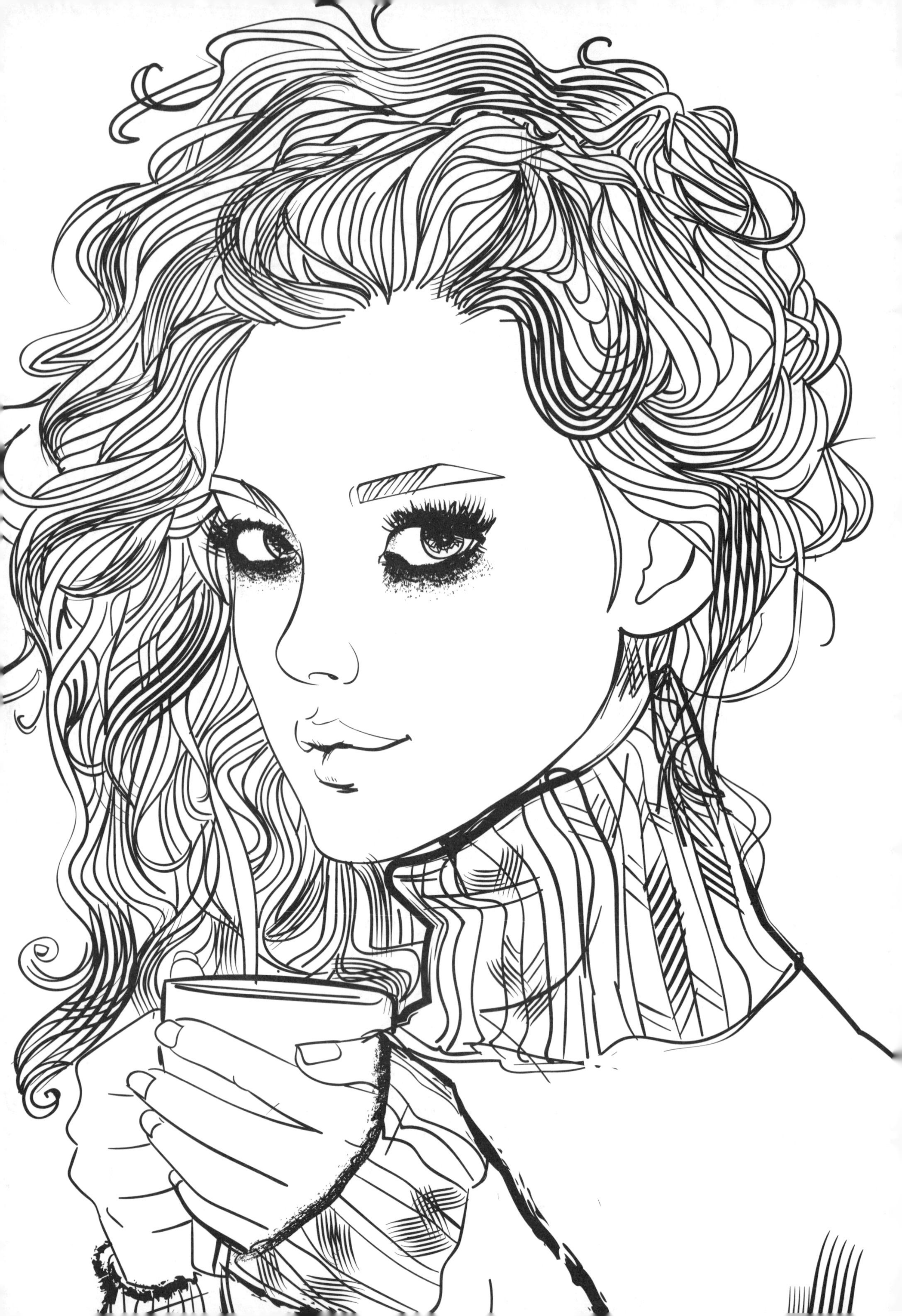

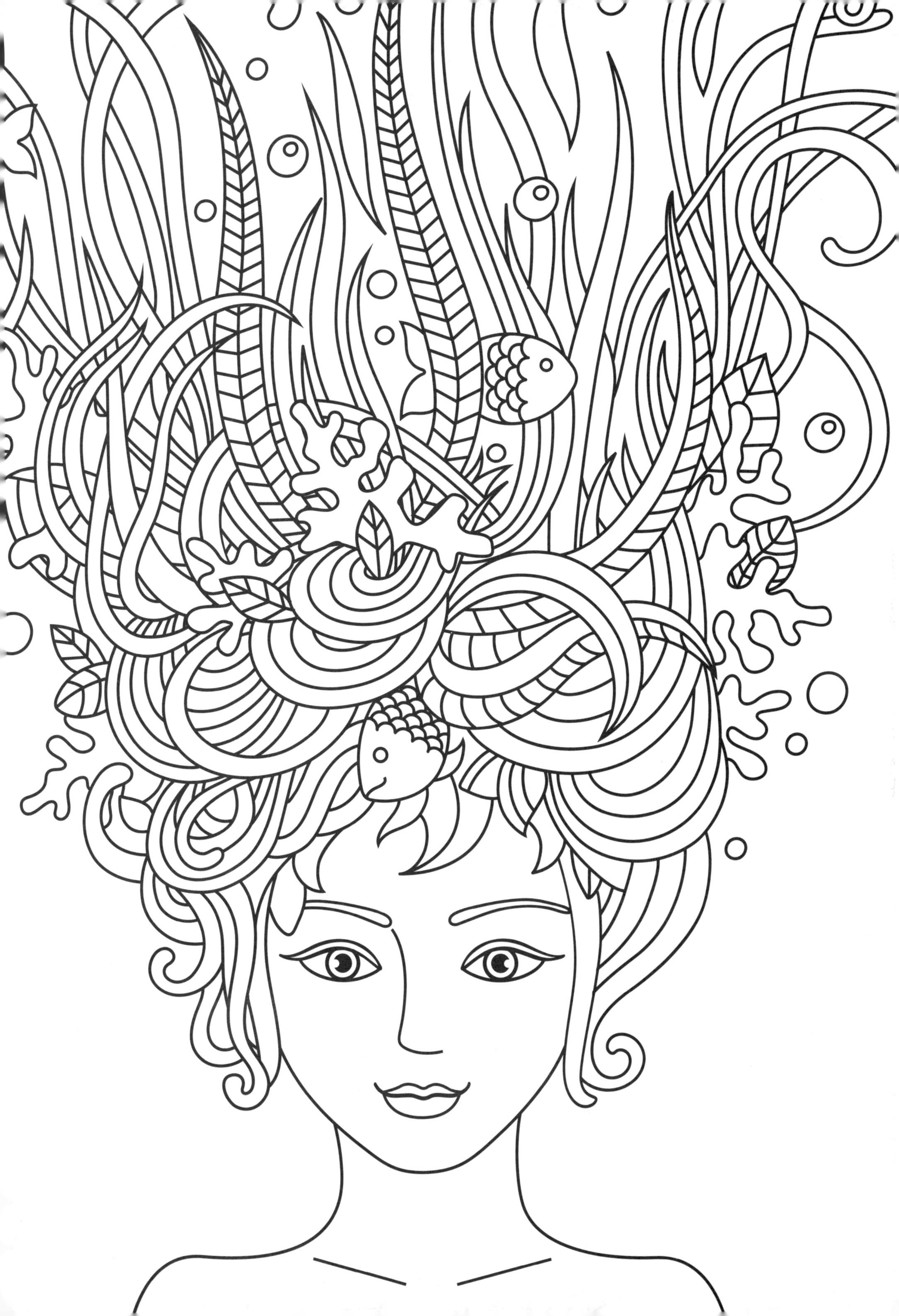

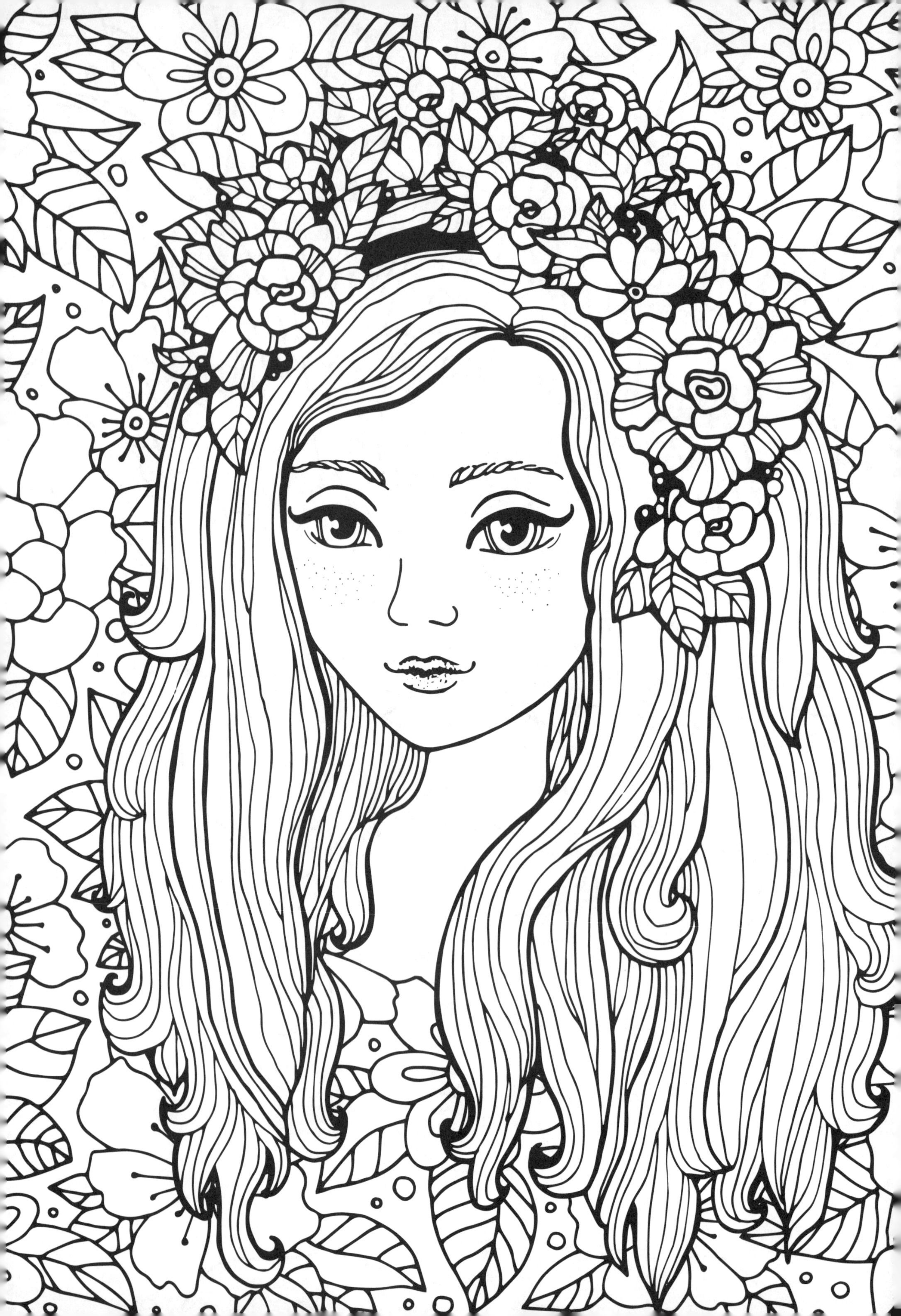

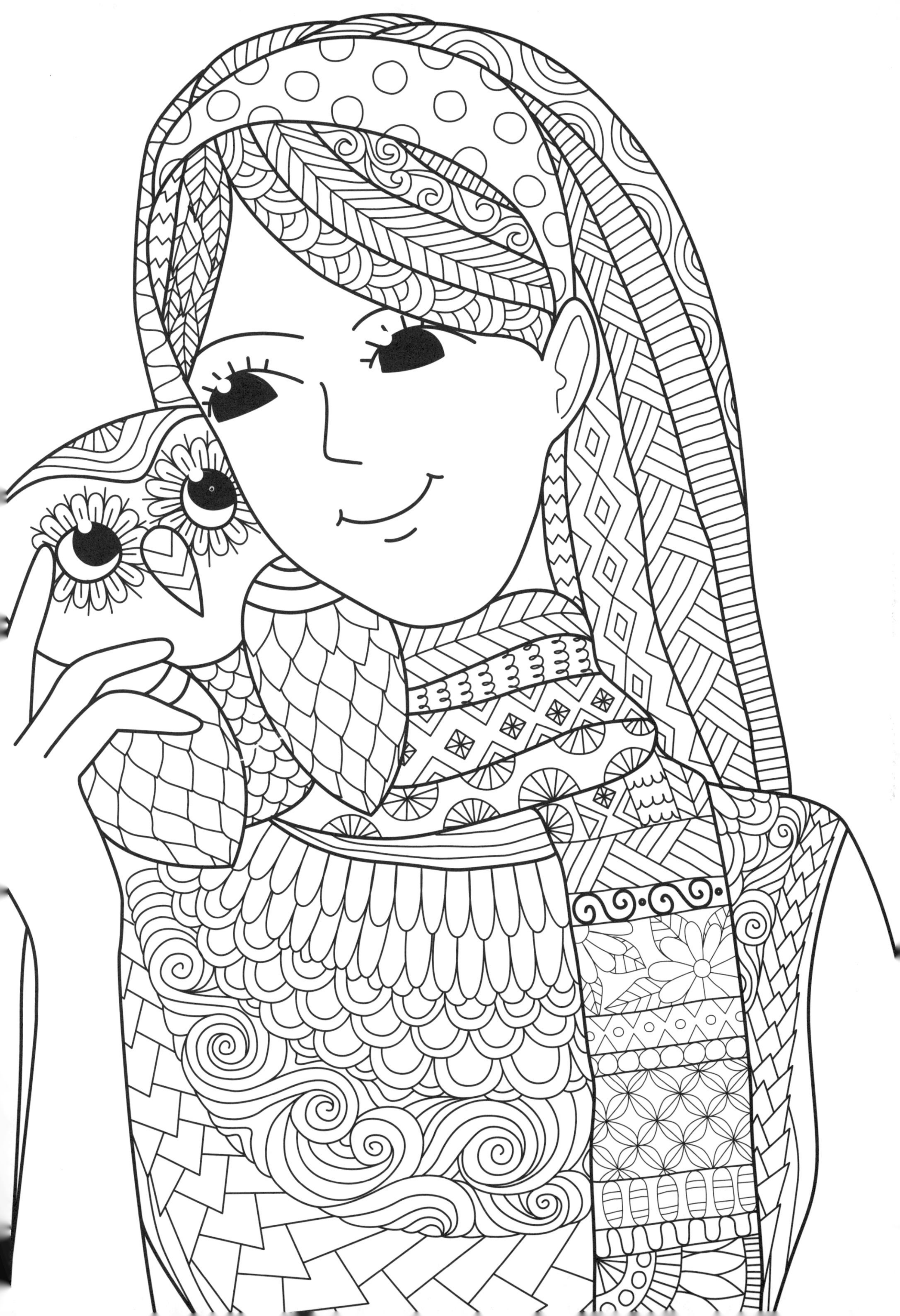

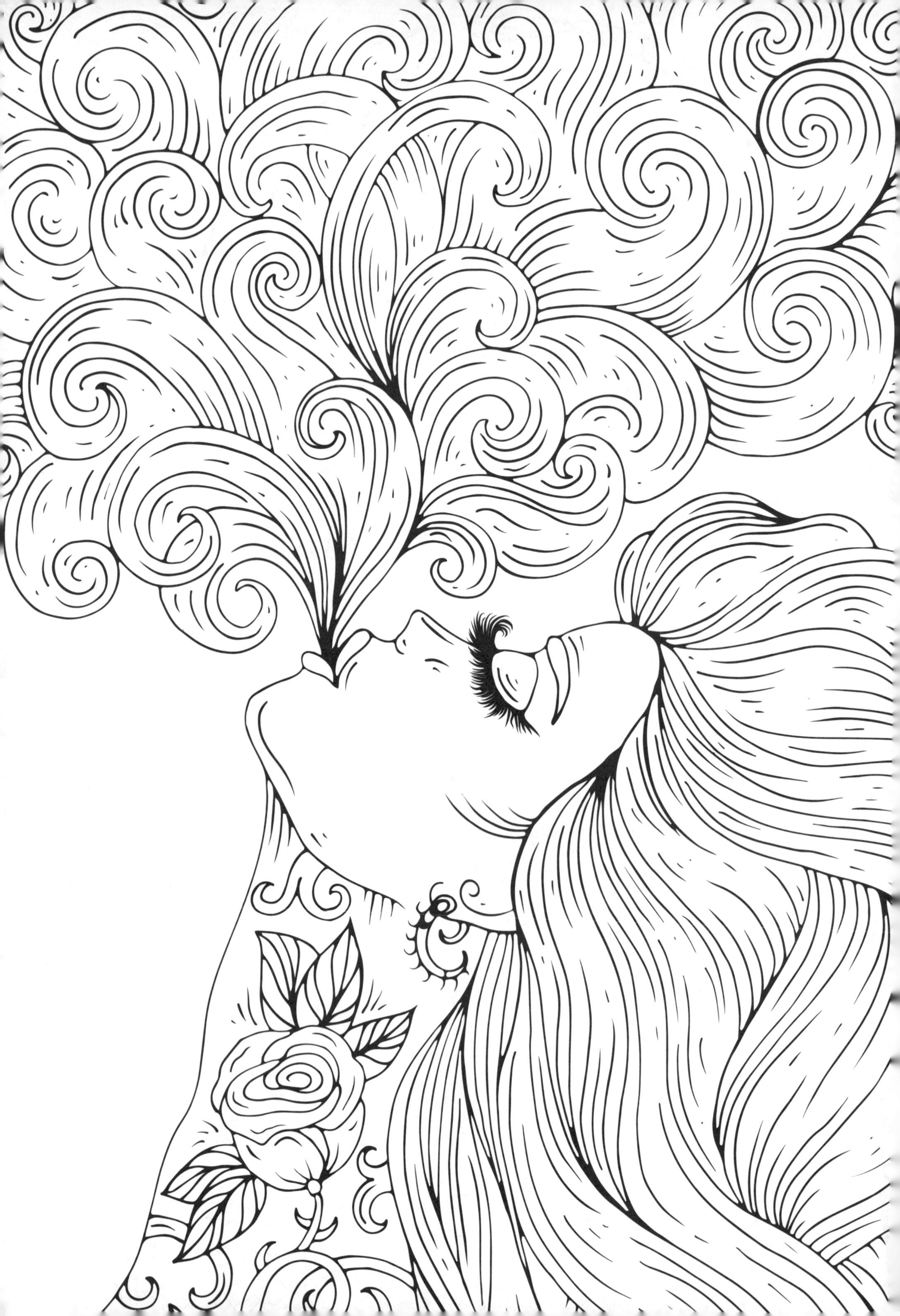

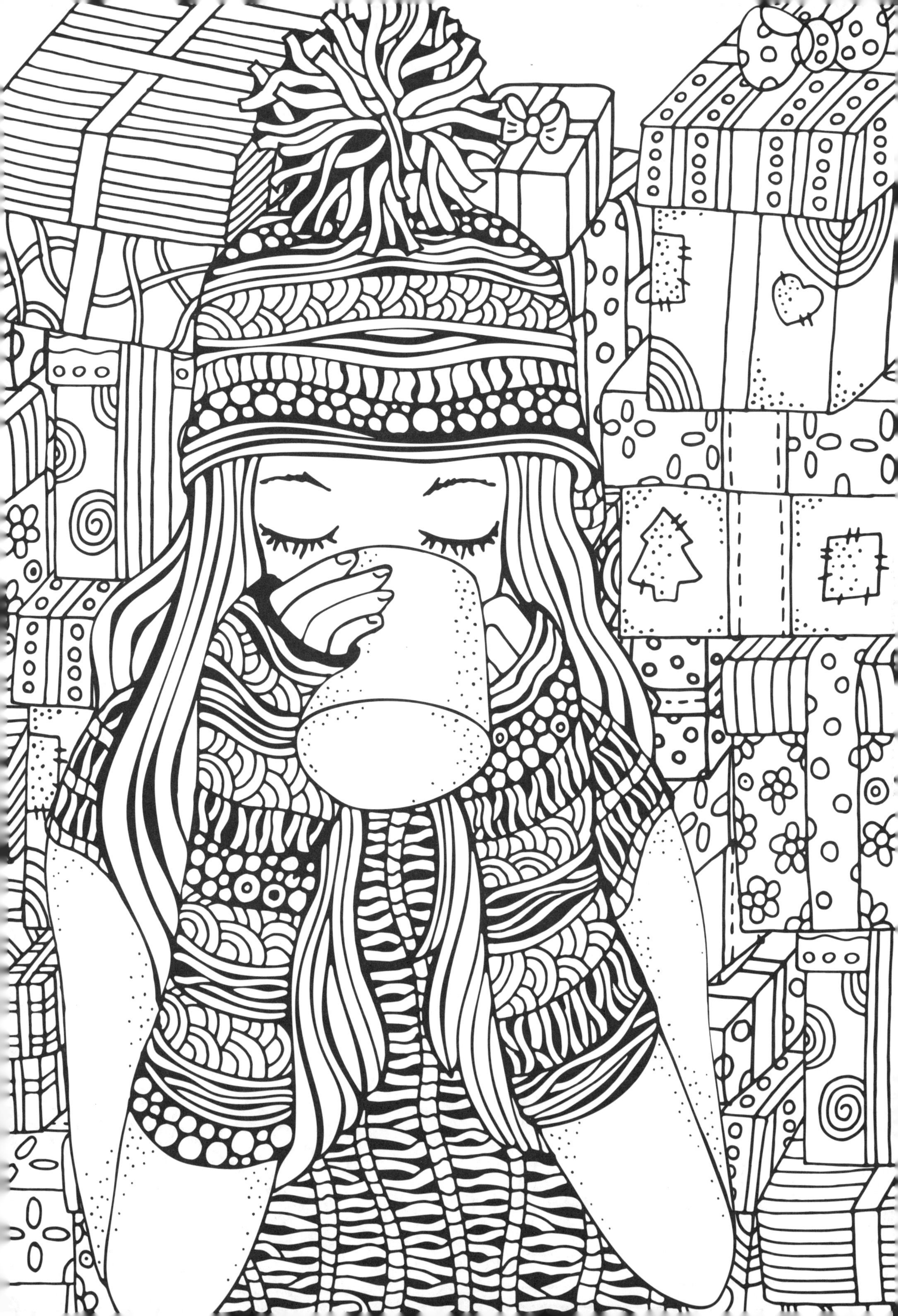

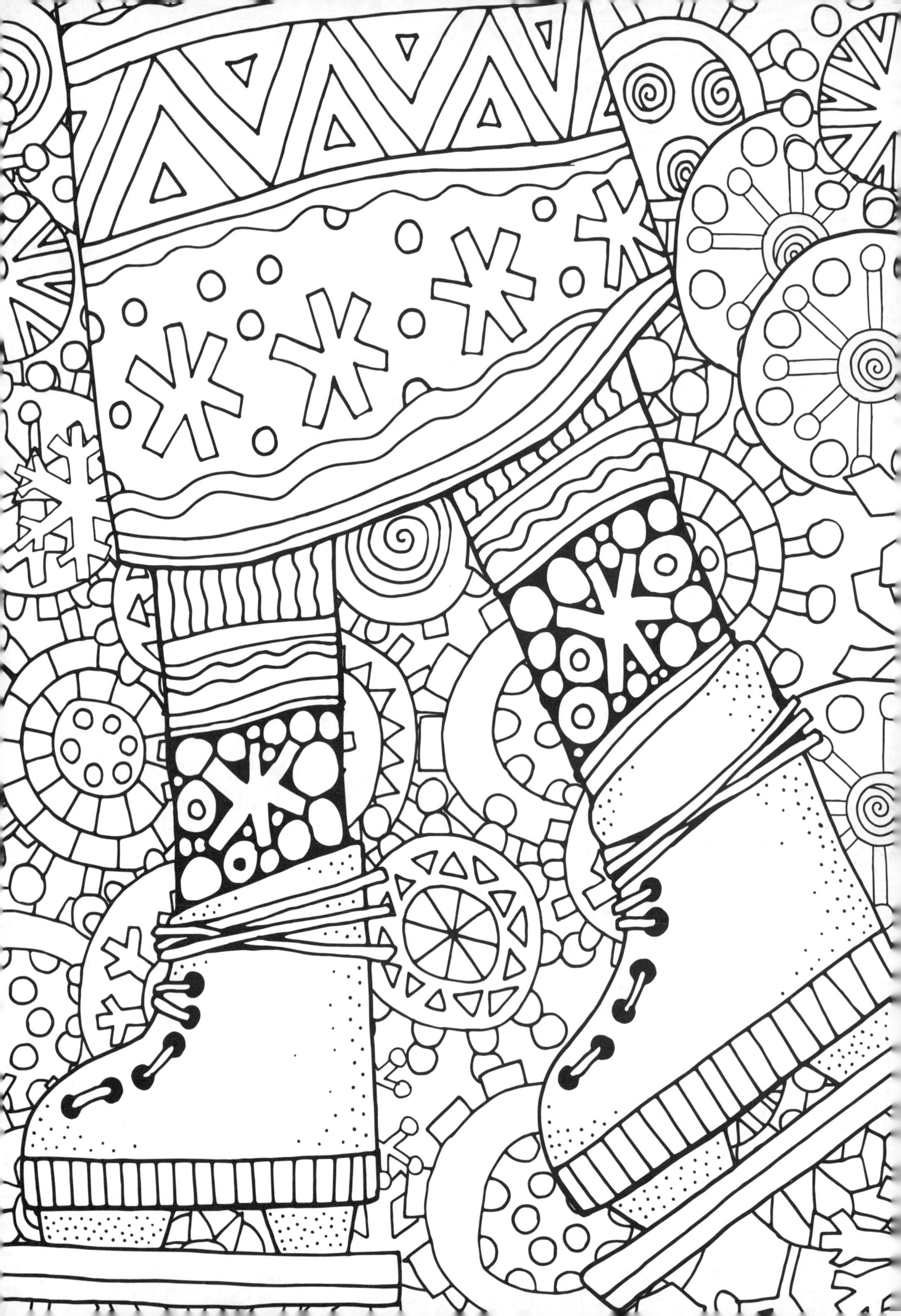

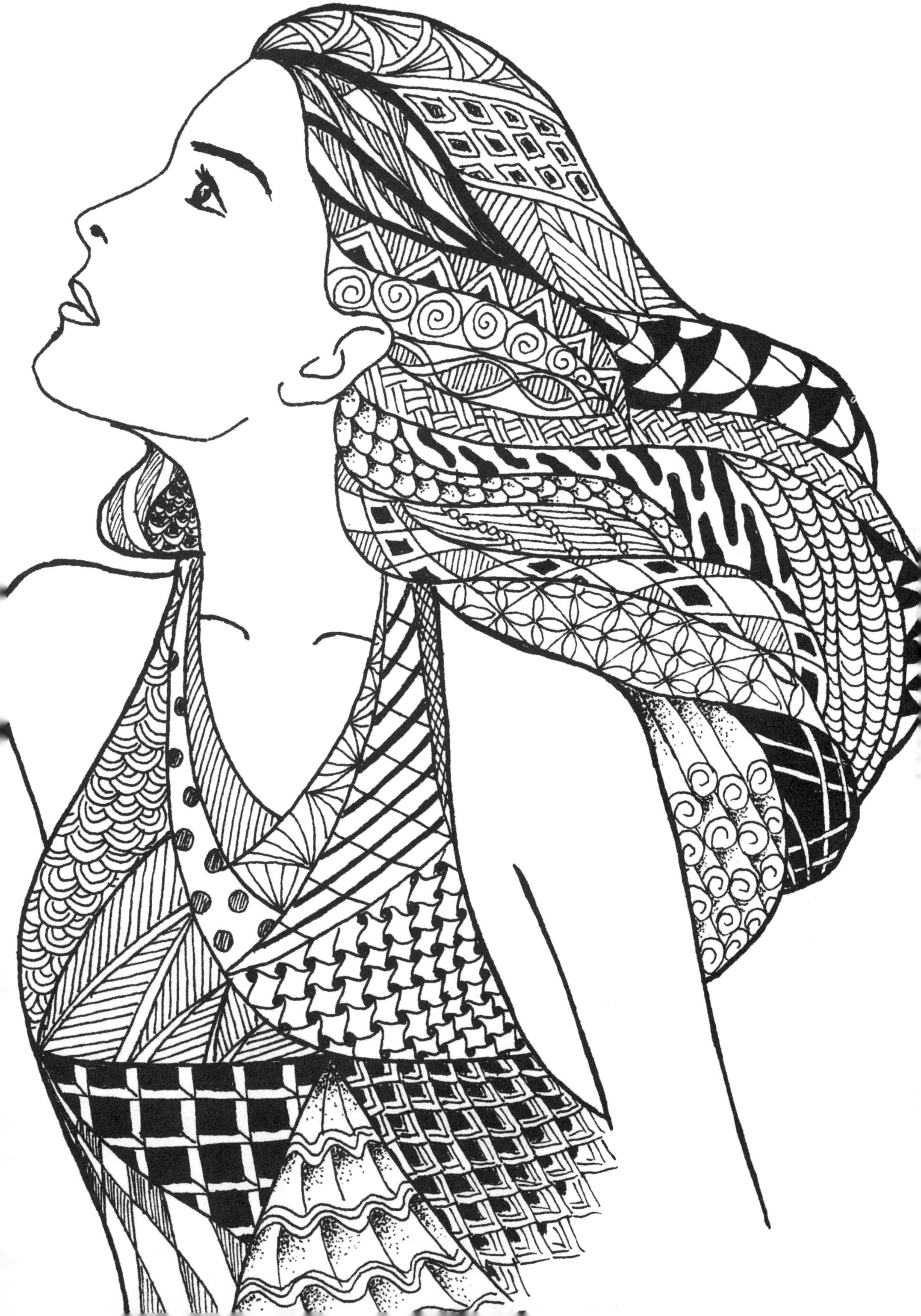

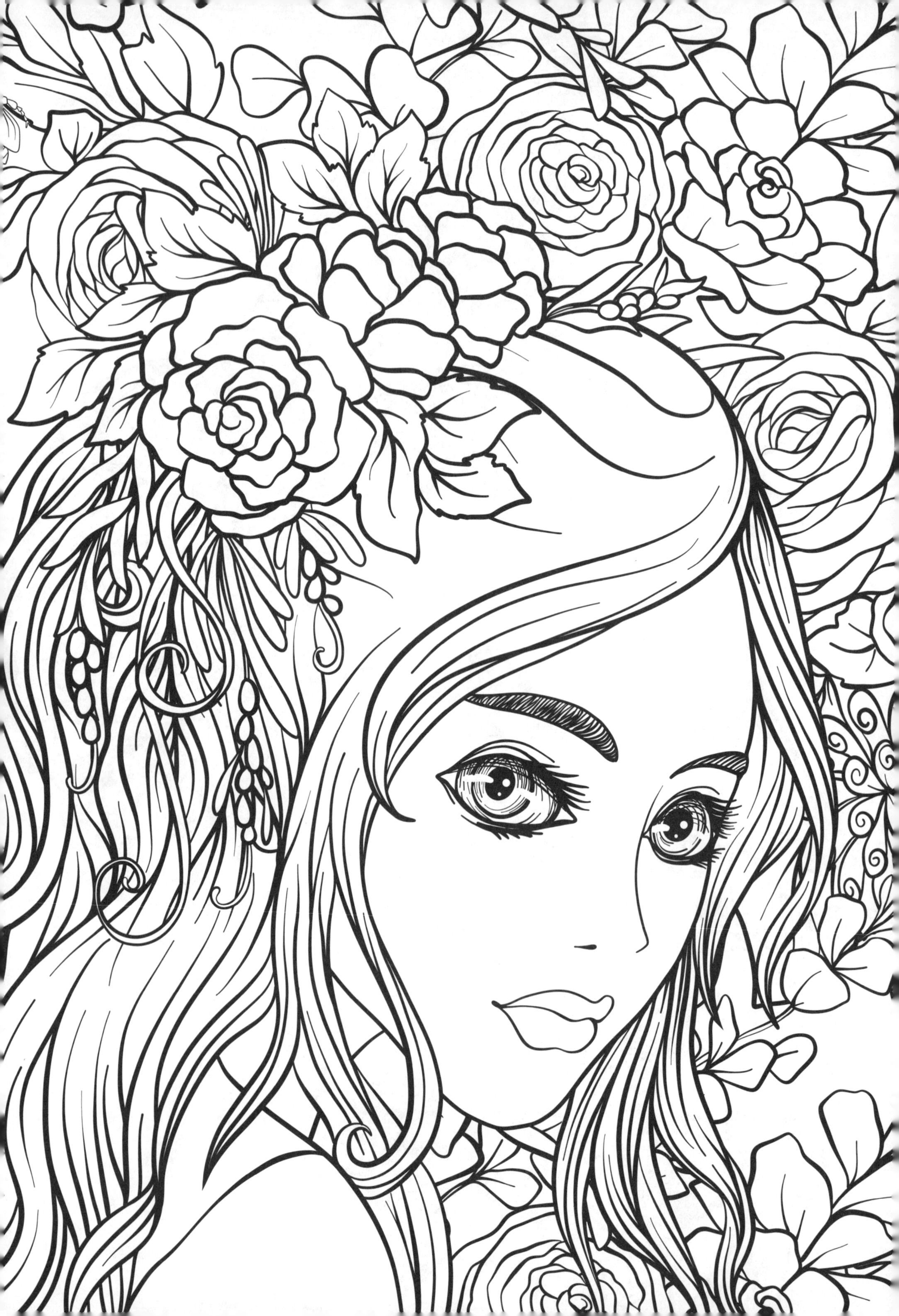

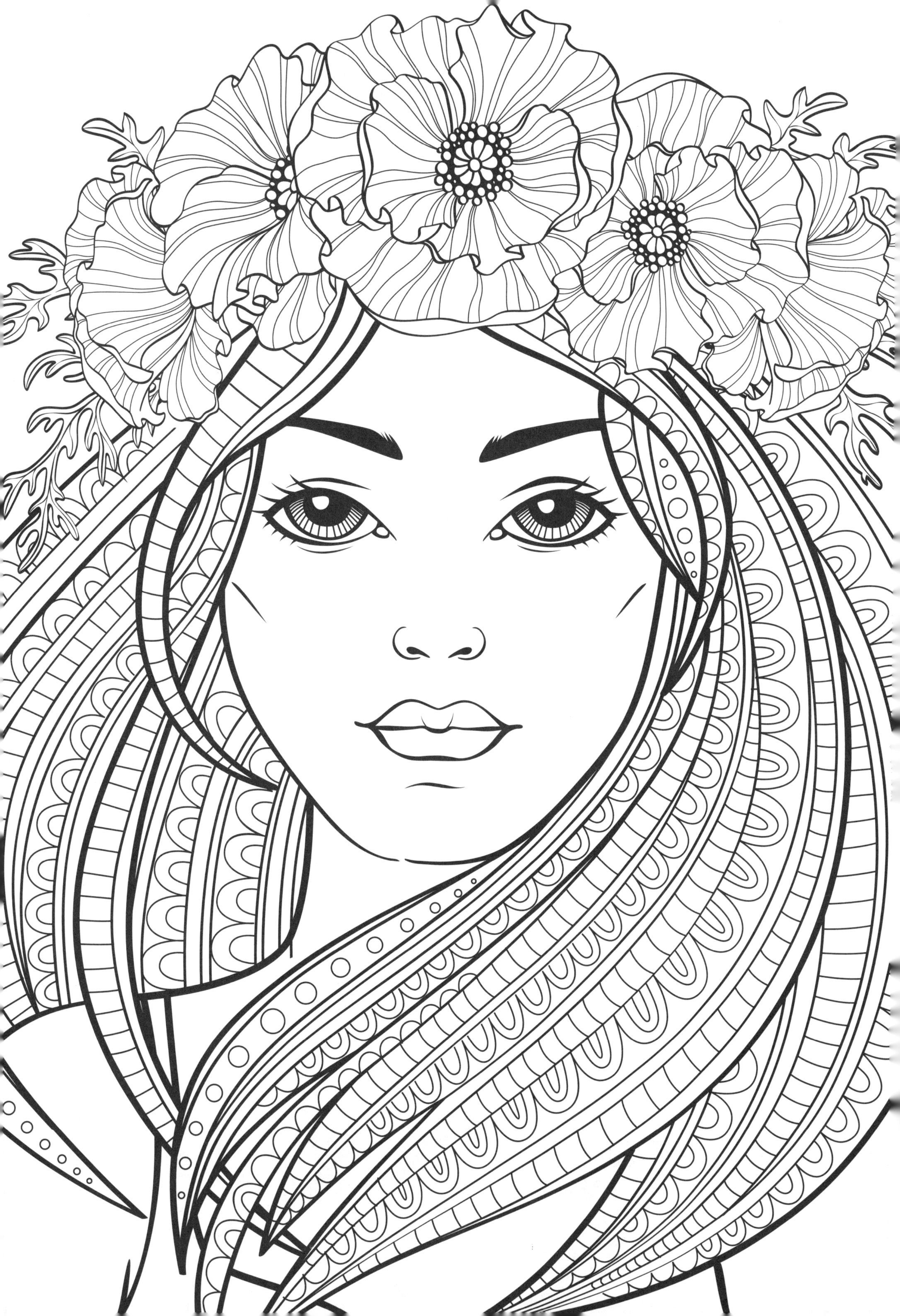

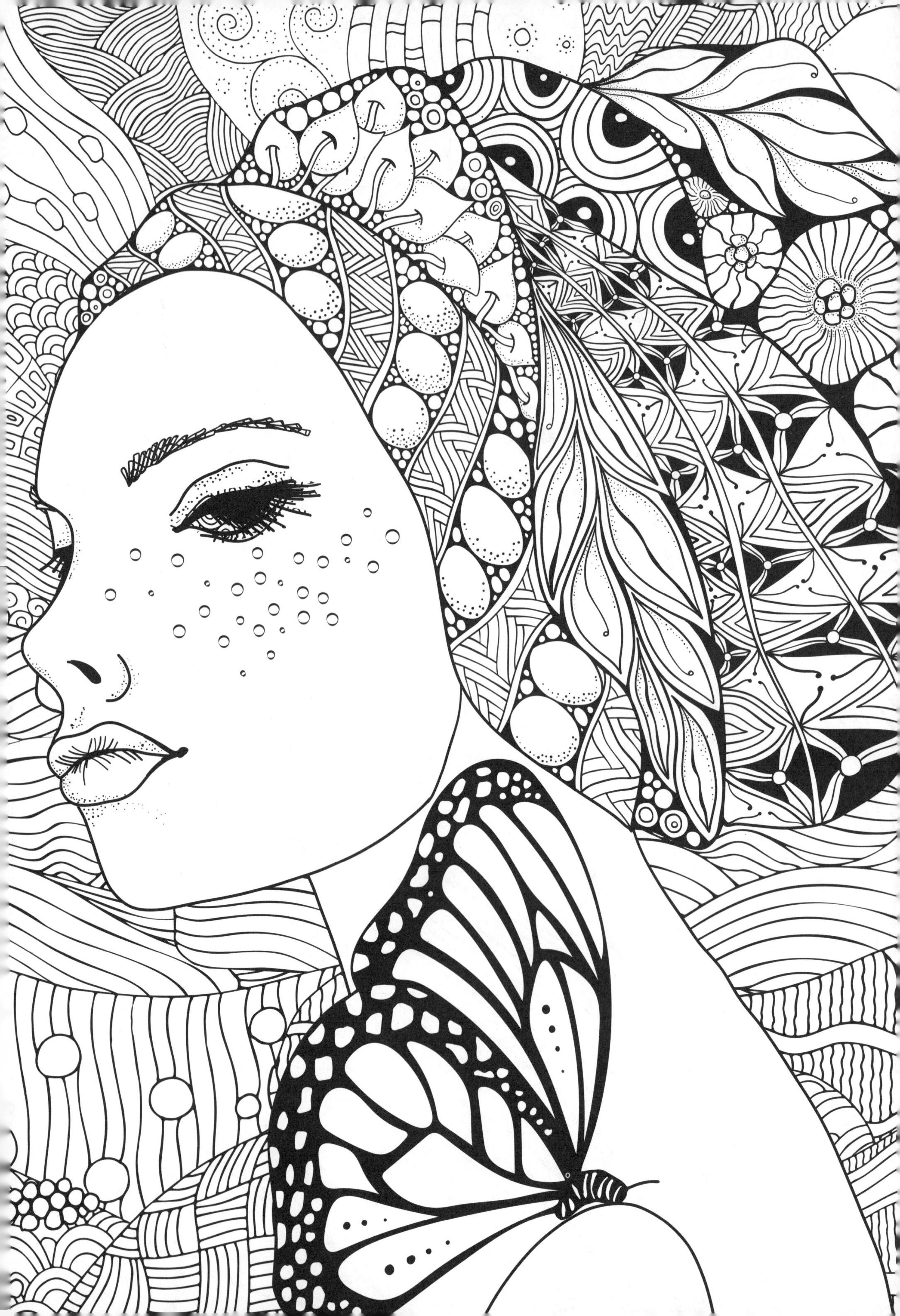